Katrin Streich

Hinter der Fassade

Entschlüsseln Sie Ihr Gegenüber
mit den Techniken einer
Kriminalpsychologin

Bibliografische Information der Deutschen Nationalbibliothek

Die Deutsche Nationalbibliothek verzeichnet diese Publikation in der Deutschen Nationalbibliografie. Detaillierte bibliografische Daten sind im Internet über http://dnb.d-nb.de abrufbar.

Für Fragen und Anregungen:
info@mvg-verlag.de

1. Auflage 2017

© der Originalausgabe:
2017 by mvg Verlag, ein Imprint der Münchner Verlagsgruppe GmbH,
Nymphenburger Straße 86
D-80636 München
Tel.: 089 651285-0
Fax: 089 652096

Redaktion: Petra Holzmann
Umschlaggestaltung: Marc-Torben Fischer
Umschlagabbildung: SFIO CRACHO/Shutterstock
Satz: Röser MEDIA GmbH & Co. KG, Karlsruhe
Druck: GGP Media GmbH, Pößneck
Printed in Germany

ISBN Print 978-3-86882-763-7
ISBN E-Book (PDF) 978-3-86415-995-4
ISBN E-Book (EPUB, Mobi) 978-3-86415-996-1

Weitere Informationen zum Verlag finden Sie unter

www.mvg-verlag.de

Beachten Sie auch unsere weiteren Verlage unter www.m-vg.de

Für mein ehemaliges Team im LKA. Ohne Euch würde es die hier erzählten Geschichten gar nicht geben.

Ein Team – ein Weg

Inhaltsverzeichnis

Einleitung

»Was denkt der andere wirklich? Stimmt das, was er sagt? Übertreibt er, verheimlicht er etwas, sagt er nur die halbe Wahrheit?« Das zu wissen, kann nicht nur im Beruf, sondern auch im Alltag interessant und hilfreich sein.

Aber ist jeder Mensch für jeden ein offenes Buch? Kann jeder in seinem Mitmenschen lesen und erkennen, was er wirklich denkt, was hinter dem steckt, was er sagt?

Oft begegnet man den Vorstellungen, dafür sei eine spezielle Ausbildung erforderlich. Oder ein Mensch müsse über besondere Fähigkeiten verfügen, um hinter die Fassaden anderer Menschen schauen zu können. Von mir als Kriminalpsychologin beispielsweise wird genau das im Grunde geradezu erwartet. Häufig werde ich gefragt, ob ich Menschen immer sofort durchschaue. Oder ob ich als Psychologin andere sofort profile, mir also umgehend ein Gesamtbild von ihrer Persönlichkeit mache. Meine Antwort lautet in der Regel scherzhaft, dass ich nicht jeden sofort durchschaue, sondern dass das schon mal fünf bis zehn Minuten dauern könne. Tatsächlich kann ich gar nicht sagen, ob ich andere Menschen wirklich sofort einer Art Profiling unterziehe, weil vermutlich meine professionelle Persönlichkeit inzwischen mit meinem persönlichen Ich verschmolzen ist und ich eine Analyse anderer Menschen wohl automatisch durchführe.

Doch das ist letztlich keine besondere Fähigkeit, denn die Basis dieser Fähigkeit findet sich in jedem von uns. Wir müssen sie nur entdecken, und dann müssen wir lernen, wie wir am besten mit ihr umgehen, um uns ihre vielfältigen Möglichkeiten zunutze zu machen.

Die unabdingbare Voraussetzung, die Basis dieser Fähigkeit, ist das wirkliche Interesse an anderen Menschen. Wir müssen uns aufrichtig für andere Menschen interessieren, um dann auch in ihnen lesen zu können. Aber nicht nur das, wir müssen ihnen zudem den notwendigen Raum geben, sich wirklich entfalten zu können. Das heißt, dem anderen Menschen die Möglichkeit zu geben, sich zu zeigen. Denn zeigt sich ein Mensch offen, dann gibt uns das die Gelegenheit, ihn oder sie besser einzuschätzen und einzuordnen.

Ich werde nicht nur regelmäßig gefragt, ob ich Menschen sofort analysiere oder profile. Sehr oft werde ich auch nach meiner Zeit als Polizeipsychologin gefragt – weil Menschen diese Tätigkeit spannend finden. Tatsächlich war ich ein Jahrzehnt im Polizeidienst tätig und in dieser Zeit mit einer Vielzahl spannender Fälle beschäftigt, bei denen verschiedene Aspekte oder Ebenen der Psychologie eine Rolle spielten. In den folgenden Kapiteln dieses Buches werde ich über viele dieser Kriminalfälle berichten – als Beispiele dafür, wie wir in anderen Personen lesen können. Ich werde darüber berichten, wie es in diesen Fällen gelungen ist, beispielsweise hinter die Fassaden von Straftätern zu blicken, wie es mit einem Blick in das Seelenleben von potenziellen Selbstmördern gelungen ist, diese von ihrem Vorhaben abzubringen, oder wie mit den Mitteln der Kommunikation Geiselnahmen entschärft werden konnten.

Vor allem aber sind diese ausgewählten Einsätze ausgesprochen gut geeignet, um all jene Mechanismen darzustellen, mit denen wir als Menschen Kommunikation und soziale Interaktion aufbauen können. Sie sind natürlich Extremereignisse, die der normale Mensch in seinem ebenfalls normalen Alltag vermutlich nur selten oder gar nicht erleben wird. Jedoch funktioniert soziale Interaktion und Kommunikation immer nach den gleichen Regeln, sie funktioniert also auch abseits derartiger Fallbeispiele nach den identischen Mechanismen. Die beispielhaften Extremsituationen dienen daher vor allem dazu, diese Regeln und Mechanismen sehr plastisch darstellen zu können. Die Polizeifälle werden ergänzt durch beispielhafte Alltagssituationen, die jeder von uns aus seinem eigenen Leben kennt und in denen wir mit den beschriebenen Mitteln ebenfalls Fortschritte erzielen können. – Sei es die Gehaltsverhandlung mit dem Vorgesetzten oder die Bewältigung einer Krise in einer Partner-Beziehung.

Abgesehen davon handelt es sich bei den besagten Fällen um Situationen beziehungsweise Abläufe, die auch sehr spannend zu verfolgen sind. Denn letztlich geht es um einen Blick hinter die Kulissen oder die Fassaden von Menschen, der beschreibt, wie Kommunikation in solchen Extremsituationen funktioniert und wie Kommunikation aufgebaut werden kann.

Die Fallbeispiele in diesem Buch sind nach der Maßgabe ausgewählt, dass es darin sehr viel soziale Interaktion gibt. Und weil es derart viel soziale Interaktion gibt, lassen sich von diesen Fällen auch sehr viele Regeln sowie Mechanismen ableiten, die für jeden Menschen nützlich sind. Aus

Gründen des Datenschutzes und der Persönlichkeitsrechte, aber auch aus polizeitaktischen Gründen werden die Fälle hinsichtlich ihrer Protagonisten verfremdet dargestellt. Das tut für dieses Buch nichts zur Sache, denn nicht die exakte Wiedergabe der Fallkonstellation, sondern die dahinterstehenden Dynamiken stehen hier im Mittelpunkt.

Eine wichtige Voraussetzung für ein Gespräch:
das wirkliche Interesse am anderen Menschen.

Teil 1: Selbstreflexion

Beginnen möchte ich mit einem Fall, der zum einen zum Schutz des Opfers verfremdet ist, denn das Opfer war noch ein Kind, als es ein mehrwöchiges Martyrium durchstehen musste. Heute ist dieses Opfer eine junge Frau, die durch die Erwähnung von Orten und Namen nicht wieder mit der Tat in Verbindung gebracht werden soll. Des Weiteren ist der Fall verfremdet, weil ich dem Täter nicht die Möglichkeit geben möchte, sich durch zu viele Details der Tat noch einmal als eine Art Berühmtheit fühlen zu können. Es werden zudem nur jene Details der Tat zur Sprache kommen, die mit dem Thema dieses Buches in Verbindung stehen. Es geht also nicht um die brutalen und scheußlichen Einzelheiten, es geht allein um die psychologischen Aspekte von Kommunikation.

Die Tat, von der ich spreche, machte im Jahr 2006 bundesweit Schlagzeilen. Zu Beginn jenes Jahres verschwand eine 13-jährige Schülerin, nennen wir sie Hannah L., spurlos. Niemand wusste, was mit ihr geschehen war. Das Mädchen hatte sich am Morgen auf den Weg zur Schule gemacht, war dort aber nie angekommen. Wie häufig der Fall, machten sich die Eltern erst nach einer gewissen Zeit wirklich Sorgen um ihre Tochter – nachdem sie alle bekannten Kontakte abtelefoniert und auch sonst einiges unternommen hatten, um das Verschwinden aufzuklären. Nach einer Weile aber war dann der Punkt erreicht, an dem sie die Polizei einschalteten. Zu diesem Zeitpunkt war nicht klar, was sich zugetragen haben könnte. War das Mädchen entführt worden? Oder war es einfach nur von zu Hause weggelaufen?

Normalerweise wird beim Verschwinden eines Kindes dieses Alters zunächst nicht an Entführung gedacht, sondern eher daran, dass es weggelaufen ist. Es dauerte eine Weile, bevor vor diesem Hintergrund alle Eventualitäten überprüft worden waren. Und irgendwann kam dann die Frage auf, ob es sich nicht doch um eine Entführung handeln könnte. An dieser Stelle wurde ich zur Bearbeitung dieses Falls hinzugezogen. Denn wenn ein Kind verschwunden ist, kümmert sich zwar die Polizei darum, doch Spezialkräfte und damit auch wir Polizeipsychologen kommen erst zum Zuge, wenn befürchtet wird, dass ein Mensch entführt wurde.

Grundsätzlich kommen Spezialkräfte nur bei besonderen Fällen zum Einsatz. Wie erwähnt ist das bei Entführungen der Fall, aber etwa auch bei Geiselnahmen oder Erpressungen sowie bei Suizid-Situationen. In diesem Fall waren wir Polizeipsychologen zu zweit und nur ein Bruchteil des gesamten Teams.

In besagtem Fall also war ich ein Teil der Spezialkräfte bzw. der Verhandlungsgruppe und habe den psychologischen Part übernommen. Als Psychologe hält man sich normalerweise im Hintergrund – man beobachtet und hört auf die Gesprächssituation. Man schätzt die psychologische Seite eines Gegenübers ein: Was für eine Persönlichkeit ist es, um welche psychische Konstitution handelt es sich? Auf dieser Basis gibt der Psychologe Unterstützung für ein Gespräch. Er gibt Hinweise, welche Gesprächsverläufe am besten eingeschlagen werden sollten, er schätzt ein, ob jemand verhandelbar ist, oder wie gefährlich ein Mensch in einer bestimmten Situation ist. All das lässt sich besser bewerkstelligen, wenn der Psychologe im Hintergrund sitzt und zuhört, als wenn er selbst in eine Kommunikation eintritt.

In dem besagten Fall der Hannah L. kamen wir Psychologen also zum Zuge, als das Wort Entführung ausgesprochen wurde. Es gab in diesem Fall noch nirgendwo eine Spur, ein bloßes Weglaufen von Daheim passte auch nicht zu dem Persönlichkeitsprofil des Mädchens, zudem war Gott sei Dank nirgendwo eine Leiche gefunden worden. So traurig das ist – eine solche taucht in vielen Fällen leider relativ schnell auf, wenn Kinder gekidnappt, sexuell missbraucht und getötet wurden.

Als Spezialkräfte kümmerten wir uns erst einmal um die Familie des entführten Mädchens. Das dient normalerweise einerseits der Stabilisierung der Angehörigen, es ist aber auch für den Fall wichtig und sinnvoll, dass sich ein möglicher Entführer telefonisch meldet, somit den Kontakt aufnimmt und vielleicht Lösegeldforderungen stellt. In solchen Situationen kann die Familie, die den Anruf meist annimmt, polizeilich unterstützt werden.

Die Beratung der Angehörigen war wie gesagt auch mein erster Kontaktpunkt mit dem Fall – ich konnte damals noch nicht ahnen, dass es bei Weitem nicht das letzte Mal sein würde, dass ich mit diesem Fall, mit dem Opfer und auch dem Täter Kontakt haben sollte.

Zunächst einmal war ich bei den ersten Gesprächen dabei. Da stellt sich die Polizei näher vor und erklärt ihre Arbeit und ihre Vorgehensweisen. Ein wesentlicher Punkt der Arbeit der Psychologen besteht zuallererst in der Einschätzung der Stabilität der Angehörigen. Der psychologische Status ist enorm wichtig für das Durchstehen der Situation. In manchen Fällen ist es notwendig, medizinischen Beistand zu organisieren oder auch einfach nur Freunde der Familie zu aktivieren, damit sie den benötigten Halt vermitteln können. Es geht also bei diesem ersten Kontakt erst einmal darum, einen Eindruck von den Angehörigen zu gewinnen und die eigenen Positionen transparent zu machen, z.B. wer von den Beamten für was zuständig ist, wie die Polizei nun vorgeht etc. Wir haben diese Familie anschließend bis zu dem Punkt beraten, an dem eine klassische Entführung immer unwahrscheinlicher wurde. (Zu einer klassischen Entführung gehören oftmals Lösegeldforderungen und Kontaktversuche vonseiten der Täter, um den Angehörigen, der Polizei oder auch der Öffentlichkeit mitzuteilen, was sie eigentlich wollen.)

Als es mit der Zeit immer noch keine Hinweise darauf gab, dass die 13-Jährige wirklich entführt worden war, wurden in diesem Fall die Kontakte mit den Angehörigen langsam wieder zurückgenommen beziehungsweise heruntergefahren. Dieses Herunterfahren ist übrigens eine ziemlich schwere Aufgabe, die sehr gut vorbereitet sein will. Schließlich kann man sich nicht einfach vor die Angehörigen stellen und ihnen mitteilen, dass es das nun war und dass man jetzt einfach geht. Vielmehr muss dieses Vorgehen mit Gründen unterfüttert werden, was die Situation aber auch nicht einfacher gestaltet. Denn mit dem Rückzug der Spezialisten wird den Eltern im Grunde implizit gesagt, dass die Polizei nun doch nicht von einer Entführung ausgeht. Einen anderen Grund gibt es schließlich nicht dafür, dass sich die Spezialisten wieder zurückziehen. Für die Eltern heißt das dann anzunehmen, dass das Kind entweder doch weggelaufen ist oder dass irgendetwas geschehen ist, und das Kind nicht mehr lebt, aber noch nicht gefunden wurde.

Nun ist es aber nicht so, dass eine derartige Entwicklung einen kompletten Rückzug vonseiten der Polizei bedeutet. Es wird vielmehr ein anderer Ansprechpartner bei der Polizei genannt, der für sie bei etwaigen Fragen erreichbar ist. Trotzdem bleibt es natürlich ein schwieriger Moment, den Eltern den Rückzug der Spezialisten beizubringen.

Es ist übrigens auch ein schwieriger Moment, wenn ein Fall endgültig abgeschlossen wird – für die Betreuenden ebenso wie für die Betreuten. Ist der Einsatz irgendwann vorüber, existieren auch keine polizeilichen Ziele mehr. Das ist etwas, was man immer auch als Einsatzkraft im Hinterkopf behalten muss. Man muss sich die Frage stellen und beantworten: »Was ist hier meine Aufgabe?« Diese Aufgabe besteht eben nicht vor allem darin, psychologischen Halt zu geben, die Aufgabe ist vielmehr herauszufinden, was tatsächlich geschehen ist. Die Familie ist in dem Zusammenhang vor allem so zu unterstützen, dass es dem Gesamteinsatz zugutekommt, das heißt, es sollte beispielsweise nichts Unbedachtes durch die Familie an die Presse herausgegeben werden, das Opfer sollte mit allen Mitteln geschützt und der Täter gefunden werden. Das mag hart klingen, ist aber die Realität.

Sich selbst kennen

Gerade in Betreuungssituationen oder auch beim Überbringen von Todesnachrichten wurde mir immer wieder deutlich, wie wichtig es ist, sich selbst zu kennen. Beispielsweise im Zusammenhang mit der Frage, wie wir selbst mit den Themen Tod und Sterben umgehen. Haben wir selbst mit diesen Themen ein großes Problem oder wissen wir, dass wir in einer Weise reagieren, dass uns solche Vorfälle nicht mehr aus dem Kopf gehen, dann wird es uns natürlich auch schwerer fallen, solche Aufgaben zu übernehmen. Wichtig ist also das Wissen über die eigene Einstellung zu einem derartigen Thema.

Ebenfalls wichtig ist das Wissen, wie wir es selbst schaffen können, aus einer solchen Interaktion wieder herauszukommen, wie wir also eine professionelle Distanz wahren. Denn es ist etwas anderes, ob man eine solche Aufgabe beruflich ausführt oder einem Freund eine Todesnachricht überbringt. Natürlich kann und soll man auch im beruflichen Fall Empathie zeigen, Menschen eventuell auch einmal in den Arm nehmen – aber es ist trotzdem etwas anderes, als wenn man einem Menschen wirklich persönlich nahesteht. Für meine Berufsgruppe ist es auch wichtig, die besagte professionelle Distanz zu wahren, um sich nicht verantwortlich beispielsweise für das Leid einer ganzen Familie zu fühlen. Tatsächlich ist genau das jedoch sehr schnell der Fall: Wir fühlen uns verantwortlich und meinen, die Probleme anderer lösen zu müssen. Wir denken, wir müssen beispielsweise den Schmerz von einer Familie nehmen. Doch das ist oft – zumal in einer solchen Betreuungssituation – nicht möglich, dafür sind auch andere Professionen da.

Genau deswegen ist es so enorm wichtig, sich selbst zu kennen. Wenn wir etwa bemerken, dass wir mit manchen Situationen wirkliche Probleme haben, dann ist es wichtig, dass wir zunächst einmal an uns arbeiten, bevor wir uns solchen Situationen aussetzen. Diese Arbeit an uns selbst besteht dann vor allem darin, dieses eigene Problem zu erkennen. Denn es nützt uns wenig, dass vielleicht andere uns sagen, wir seien viel zu nahe dran an dem Problem – oder einem Fall oder den darin involvierten Personen.

Ich erinnere mich an Fälle, in denen es um eine zeitlich lange Unterstützung von Familien ging. Da gab es immer wieder Kollegen, die es nicht schafften, diese notwendige Distanz aufrechtzuerhalten. Selbst wenn es sich nicht um einen Rund-um-die-Uhr-Kontakt handelte, fühlten sich diese Kollegen rund um die Uhr verantwortlich für die Person, die sie beispielsweise im Rahmen eines Entführungsfalls zu betreuen hatten. Sie waren 24 Stunden am Tag ansprechbar, und sie fühlten sich selbst schon fast als guter Freund der Angehörigen oder sogar als ein Familienmitglied.

Solche Kollegen sollte man eigentlich aus dem Einsatz herausnehmen, denn gibt man diesen Kollegen ein polizeitaktisches Ziel mit – etwa dass sie auf Unwahrheiten achten sollen –, dann kommt es womöglich zu dem Moment, dass sich der Kollege wegen der persönlichen Nähe überhaupt nicht mehr vorstellen kann, dass eine der betreuten Personen lügt. Denkt ein Kollege so, dann kann er im Grunde die Ziele nicht mehr umsetzen, die er eigentlich umzusetzen hat. Und ohne eine gute Selbstreflexion fehlt ihm womöglich auch die Einsicht, nicht mehr für den laufenden Einsatz

geeignet zu sein. Das mächtige Gefühl der Verantwortungs-
übernahme trübt ihm den objektiven und ehrlichen Bick auf
die eigene Situation und Leistung.

Was einmal mehr zurück zur Notwendigkeit der Selbstreflexion führt, die nicht nur für Polizeibeamte, sondern für alle Menschen so wichtig ist. Denn nur, wenn wir ein Problem erkennen, können wir eben auch dagegen angehen. Ein erster
Schritt besteht darin, dass wir über das besagte Problemthema
mit anderen Menschen sprechen. Hierbei muss es nicht um
ein Thema gehen wie den Tod oder das Sterben. Bei der Polizeiarbeit kann es zum Beispiel vorkommen, dass ein Kollege
immer dann Probleme bekommt, wenn es um Fälle mit Kindern geht. Weil er vielleicht selbst Kinder hat und der Identifi-
kationsfaktor daher sehr hoch ist. Wann immer wir in Situationen kommen, die uns potenziell belasten, weil die Themen
eben sehr schwierig für uns sind, sollten wir besonders auf
uns achten.

Nehmen wir ein Beispiel: Die Mutter eines sehr guten
Freundes hat die Diagnose bekommen, dass ihre Erkrankung
einen tödlichen Ausgang nehmen wird. Ihr Freund ist ver-
ständlicherweise sehr mitgenommen und macht sich sehr
viele Gedanken. Er hat Angst, dass die Mutter leidet, er hat
Angst vor der Zeit ihres Sterbens und weiß nicht, wie er mit
der Mutter emotional umgehen soll. Sie sind nun Stütze,
Freund und Berater zugleich. Selbstreflexion heißt in diesem
Falle, die eigenen Gefühle zu kennen und auch zuzulassen.
Sie sollten wissen, wie Sie auf den möglichen hohen Erwar-
tungsdruck des Freundes reagieren und wie Sie es schaffen
können, die Verantwortung für die *Genesung* der Mutter

nicht zu übernehmen. Denn das schaffen Sie nicht, egal, wie sehr Sie es sich auch wünschen. Verantwortung haben Sie Ihrem Freund und sich selbst gegenüber. Selbstreflexion heißt auch, die eigenen Grenzen zu kennen und auf sich selbst zu hören. Ein erster Schritt dahin kann sein, Erwartungen und Wünsche der anderen von den eigenen zu differenzieren. Das klingt erst einmal einfach, ist es aber leider ganz und gar nicht. Doch eine solche Differenzierung bringt eine erste Ordnung in die eigene Erlebenswelt. Natürlich können wir auch Erwartungen von anderen erfüllen, dann sollten wir aber wissen, dass unser Handeln nicht primär von uns selbst motiviert ist. Nur ein Ausdifferenzieren zwischen dem, was von uns selbst stammt, und dem, was von den anderen gewünscht oder erwartet wird, gewährleistet eine bewusste Selbststeuerung.

Wenn wir von diesem Punkt nun zurückkehren zu dem Fall Hannah L., dann hätte es natürlich auch passieren können, dass zu unserem Team ein Kollege zählte, der eine Tochter hat, die im gleichen Alter wie das entführte Kind ist, und deren Physiognomie außerdem eventuell auch an die Entführte erinnert. Dieser Kollege würde dann womöglich nicht mehr nur eine Familie erkennen, die es zu betreuen gilt, er würde sich vielmehr selbst in deren Situation versetzen.

Hat man tatsächlich selbst Kinder im Alter eines entführten Kindes, lässt sich natürlich wenig gegen eine potenzielle Identifizierung mit den Angehörigen machen. Der Fakt an sich ist nicht weiter problematisch. Nur wenn dies die eigene Arbeit behindert, wäre es aus der rein professionellen Warte betrachtet sinnvoll, die Aufgabe beziehungsweise die nahen Kontakte mit den Angehörigen anderer zu überlassen.

Allerdings können wir als Menschen auch Strategien entwickeln, die es uns ermöglichen würden, »so einen Fall trotzdem zu übernehmen«. Das allerdings kann sich sehr schwierig gestalten, weil es im Grunde auch den Versuch darstellt, uns selbst professionell wahrzunehmen. Wir müssten uns immer wieder auch zurückziehen und uns selbst sagen, es handle sich nicht um unsere eigene Situation. Es wäre also immer wieder eine bewusste Distanzierung erforderlich.

Ich erinnere mich in diesem Zusammenhang an den Fall eines Kindes, das zunächst verschwunden war und später tot aufgefunden wurde. Es handelte sich um ein Mädchen im Alter von etwa acht Jahren und auch in diesem Fall waren wir als Polizei in die Betreuung involviert. Dieser Fall erregte zudem große öffentliche Aufmerksamkeit – die Stadt war regelrecht gepflastert mit Plakaten, die das Gesicht des Mädchens zeigten, auch das Fernsehen berichtete.

Dieses Mädchen hatte etwas an sich, das mich persönlich sehr berührte. Bis heute bin ich mir nicht wirklich vollkommen sicher, was es war, wahrscheinlich hat mich ihr Gesicht an irgendwen oder irgendetwas aus meiner eigenen Vergangenheit erinnert. Ich hatte vorher schon mit Fällen von verschwundenen Kindern zu tun, bei denen die Wahrscheinlichkeit hoch war, dass sie nicht mehr lebten. Doch bei genau diesem Mädchen fühlte ich mich persönlich involviert. Ich habe während dieser Zeit auch festgestellt, wie schwer es ist, sich von einem derartigen Gefühl zu befreien. Selbst wenn ich nach der Arbeit nach Hause ging, habe ich immer noch an das Kind gedacht – was grundsätzlich bei solchen Fällen nicht untypisch ist, trotzdem war es hier doch noch etwas anderes. Ich musste mir immer wieder sagen, dass der Fall mit meinem eigenen Leben nichts zu tun hatte, und ich musste meine professionelle Betrachtung aufrechterhalten.

Was mir in der Situation vor allem geholfen hat, das waren Gespräche mit einem Kollegen. So etwas halte ich übrigens grundsätzlich für eine gute Idee. Ich hätte natürlich auch mit Menschen aus meinem privaten Umfeld sprechen können. Dann aber hätte ich das Berufliche aktiv in mein Privatleben hineingezogen. Eine solche Situation belastet ohnehin schon das Private. Es ist sicher manchmal unmöglich zu vermeiden, dass man etwas zu Hause erzählt. Günstiger ist jedoch die Variante, sich mit einem Kollegen auszutauschen.

Der erste wichtige Punkt in diesem Zusammenhang ist allerdings der, dass man das Thema überhaupt einmal ausspricht. Denn oftmals ist eine solche Situation gerade aus dem Grund belastend, weil sich das Thema im eigenen Kopf befindet und darin kreist und kreist. In meinen Fall war der Kollege ebenfalls in den Fall involviert, und er konnte daher auch berichten, wie er ihn persönlich empfand. Vor allem tat er das mit der gleichen professionellen Herangehensweise wie ich – ich fand mich also in seinen Äußerungen ein Stück weit wieder.

Ich habe aber noch etwas anderes getan: Ich habe mir ein Bild des Mädchens genommen und versucht, in mich zu gehen, um herauszufinden, was es denn wirklich ist, was mich an dem Gesicht des Mädchens so sehr anspricht. Auf jeden Fall habe ich letztendlich erkannt, dass mich dieses Mädchen nicht an jemand anderen erinnert. Vielmehr kam ich zu dem

Schluss, dass mich wohl die Hilflosigkeit ansprach, die dieses Kind auf den Fotos ausdrückte. Es sah einfach aus wie ein junger Mensch, der Hilfe benötigt. Ihre Augen schauten schon auf dem Foto traurig aus, obwohl sie zu jenem Zeitpunkt noch gar nicht wissen konnte, was ihr später zustoßen würde. Genau das hat mich so angesprochen – vermutlich stellvertretend für Menschen, die allgemein traurig sind oder Hilfe benötigen. Für mich war es wichtig, genau das herauszufinden, weil es mir dann letztlich geholfen hat.

Was erneut zu dem Punkt führt, dass wir uns selbst kennen müssen, um andere zu erkennen. Denn aus einer solchen Erkenntnis lassen sich weitere Schritte ziehen, wie es auch bei mir der Fall war. Ich habe mir gesagt, dass ich ja genau das Richtige tue, wenn es tatsächlich das ist, was mich an dem Bild des Mädchens so angesprochen hat: Ich helfe mit, den Fall aufzuklären, und ich helfe bei der Betreuung der Familie. Ich konnte dem Gefühl also ein aktives Handeln entgegensetzen, und das tat mir gut.

Selbstreflexion heißt: sich selbst kennenlernen

- Erkennen: Welche Probleme hat man mit welchen Themen?
- Erkennen der eigenen Grenzen
- Unterscheidung zwischen den Erwartungen und Wünschen der anderen und den eigenen
- Feinfühlig sein mit sich selbst
- Gegen Problemthemen angehen:
- Darüber mit anderen sprechen, das Thema überhaupt einmal aussprechen
- Herausfinden, warum einen das Thema sensibilisiert

Ziel: Wir müssen uns selbst kennen, um andere zu erkennen!

_____ ∎

Erkennen, was andere in uns auslösen

Das alles funktioniert natürlich nicht nur in der Polizeiarbeit, sondern auch im alltäglichen Leben eines jeden Menschen. Denn immer, wenn wir nicht genau wissen, warum uns etwas stört, warum uns irgendetwas an einem anderen Menschen aufregt, oder wenn es schlicht und einfach nicht rundläuft im Leben, wenn so etwas der Fall ist, dann sollten wir erst einmal bei uns selbst anfangen und uns fragen, warum es genau so ist, wie es ist. Warum ist es so, dass mich bei meinem Gegenüber etwas stört? Warum regt mich ein bestimmter Mensch immer dermaßen auf? Warum habe ich immer das Gefühl, von einem bestimmten Menschen nicht ernst genommen zu werden?

Natürlich finden sich immer auch Auslöser für solche Ärgernisse in dem anderen Menschen, das ist gar keine Frage. Für das eigene Weiterkommen jedoch ist es wertvoller, wenn wir zunächst einmal bei uns selbst anfangen. Wenn wir also prüfen, was genau das Gegenüber beziehungsweise die Situation in uns auslöst. Nur so können wir herausfinden, was wir dem entgegenzusetzen haben, was wir selbst auf der Handlungsebene tun können, um etwas an einer Situation zu verändern. Denn dass wir die anderen verändern, ist wohl der absolute Ausnahmefall.

Liegt es etwa daran, dass wir uns selbst dem anderen gegenüber viel kleiner fühlen? Halten wir uns für weniger wert als den anderen? Kann er uns genau aus diesem Grund eventuell auch so sehr treffen, wie es der Fall ist? Es gibt eine Reihe von Faktoren, die am Ende zu den eigenen Knackpunkten führen. Meistens ist es so, dass Menschen, über die wir uns immer wieder aufregen oder mit denen wir ständig anecken, in uns etwas ganz Besonderes triggern beziehungsweise auslösen. Das zu erkennen ist wichtig.

Das bedeutet jetzt nicht, dass andere Menschen immer alles richtig machen würden. Aber es ist eben sinnvoll zu wissen, wo genau denn die Punkte liegen, die uns immer wieder so sehr berühren oder auch aufregen. Sinnvoll ist das, weil genau dies uns weiterbringen kann, weil wir aus diesen Erkenntnissen wiederum Strategien entwickeln können, die uns helfen, besser mit entsprechenden Situationen umzugehen.

All das hilft auch im ganz normalen Arbeitsalltag. Etwa bei einem Kollegen, mit dem wir zusammenarbeiten müssen und der uns schon entnervt mit den Augen rollen lässt, sobald er morgens einfach nur das Büro betritt. Oder wir sitzen mit einer bestimmten Person in Besprechungen und bemerken dann an uns selbst, wie der Puls rast und wir immer das Gefühl bekommen, besonders aufmerksam sein zu müssen, weil der andere uns sonst womöglich über den Tisch zieht.

In diesen Fällen ist sicher in einem zweiten oder dritten Schritt das Nachdenken darüber sinnvoll, wie wir irgendetwas an dem anderen ändern können. Noch sinnvoller ist aber in einem ersten Schritt, bei uns selbst zu bleiben und uns zu fragen, warum uns das Verhalten des Gegenüber so derart aktiviert. Dabei ist dann zusätzlich die Frage zu stellen, was wir eigentlich befürchten oder wovor wir möglicherweise Angst haben. Auch hier ist also wieder der Punkt Selbstreflexion wichtig.

Das alles gilt auch im privaten Umfeld. Ecken wir im Freundeskreis immer wieder mit einer bestimmten Person an, weil diese Person sich schnell durch etwas provoziert fühlt, was wir sagen, während wir uns eigentlich nur fragen, warum deroder diejenige sich so aufregt über die im Grunde kleinsten Dinge, dann sollten wir uns in diesem Fall erst in einem zweiten Schritt damit beschäftigen, warum der andere sich denn so aufregt. In einem ersten Schritt wäre es sinnvoll, uns selbst zu fragen, was wir denn in unserer eigenen Kommunikation möglicherweise tun, das dazu führen kann, dass jemand anderes sich angegriffen fühlt. Dabei geht es aber wie schon erwähnt nicht darum, immer die Schuld zunächst bei sich selbst zu suchen – Schuld wäre in diesem Zusammenhang auch nicht der passende Begriff. Es geht vielmehr um die Aussage, dass wir selbst in der sozialen Interaktion mit anderen Menschen einen genauso wichtigen Part darstellen wie der andere auch. Wir haben genauso viele Gestaltungsfreiräume und wir gestalten genauso viel in dieser Interaktion, wie es bei unserem Gegenüber der Fall ist. Und das gilt eben nicht nur für das Überbringen von Todesnachrichten oder schwierige berufliche Momente, sondern es gilt für jede soziale Interaktion an jedem Tag unseres Lebens. Dazu zählt auch, dass wir uns unseren eigenen Anteil sichtbar und damit bewusst machen.

Als Mensch können wir Kommunikationen eingehen, und wir können bei diesen Kommunikationen auch vieles gut machen. Es mag sein, dass wir gut reden können, dass wir überzeugend sein können. Aber das können wir, weil wir entweder intuitiv das Richtige machen beziehungsweise sagen, wir können all das aber auch strategisch erreichen: Indem wir wissen, was wir tun können, indem wir außerdem wissen, was wir gut oder nicht so gut können – und wenn wir wissen, was es bewirkt, wenn wir eine bestimmte Sache sagen oder machen. Das zu wissen, ist wichtig, weil wir dann Kommunikation auch sinnvoll im Sinne der eigenen Ziele einsetzen können.

Wenn eine Kommunikation im Berufsleben nicht so gut läuft, müssen wir nach einer Selbstreflexion nicht unbedingt auch noch mit dem problematischen Gegenüber über die Ursachen der Kommunikationsschwierigkeiten sprechen. Denn es gibt viele Situationen, in denen wir uns keine Blöße geben wollen oder sollten. Haben wir beispielsweise im Kollegenkreis tatsächlich ein Problem mit einer Person, der gegenüber wir uns immer klein fühlen und bei der wir ständig auf der Hut sind, dann hat es überhaupt keinen Sinn, wenn wir diesem Kollegen die Information vermitteln, er erinnere uns womöglich an unseren autoritären Vater, und wir kämen uns ihm gegenüber genau aus diesem Grund immer klein vor. Eine solche Erkenntnis ist zwar für uns selbst bedeutsam und interessant, sie könnte aber dem anderen noch mehr Macht über uns geben, sobald sie einmal ausgesprochen ist. Sinnvoller ist es, wenn wir diese Erkenntnis erst einmal für uns behalten, um dann Strategien zu entwickeln, wie wir uns künftig nicht mehr so klein fühlen. Denn wenn wir unser Problem preisgeben, dann kann es im schlechtesten Fall so sein, dass das Gegenüber vor Selbstbewusstsein strotzt und zudem seine Stärke daraus zieht, dass er andere kleinmacht – mit der möglichen Folge, dass er die Situation künftig noch stärker in seinem Sinne ausnutzt.

Und auch hier gibt es wieder Parallelen im Privatleben. Bei entsprechenden Problemen in der Partnerschaft etwa müssen wir ebenfalls nicht alles in aller Ausführlichkeit berichten, weil es auch hier immer noch einen Teil gibt, der nur uns selbst gehört. Im Sinne der Selbstreflexion ist es ratsam, nicht gleich die gesamte Problematik im Partner zu verankern, sondern auch hier erst einmal auf sich selbst zu schauen. Was mache ich? Was sind meine Erwartungen? Was sind die Erwartungen des anderen? Was verletzt mich und vor allem warum? – Das klingt wieder sehr analytisch, ist es wahrscheinlich auch. Diese Eigen-Einsichten führen nicht automatisch dazu, die Verantwortung der Probleme ausschließlich bei sich selbst zu sehen. Darum geht es in dieser Phase überhaupt nicht. Lassen Sie es uns als »wertfreie Bestandsaufnahme« bezeichnen.

In einem nächsten Schritt wäre es selbstverständlich grundsätzlich sinnvoll, über die problematischen Themen zu reden, weil wir ja ständig mit dem Partner zu tun haben. Wir möchten das Leben zusammen verbringen, wir verbringen vor allem auch die Freizeit gemeinsam, in der wir uns ja eigentlich entspannen sollten. Wenn es nun Probleme im Miteinander gibt und wir herausgefunden haben, was unsere eigenen Triggerpunkte oder Schwachstellen sind, dann sollten wir auch keine Angst haben müssen, darüber mit dem Partner zu sprechen. Haben wir trotzdem Angst vor einer solchen Situation, und haben wir außerdem Angst, der Partner könnte eine solche Offenheit ausnutzen, dann ist es vermutlich an der Zeit, sich Gedanken über die Partnerschaft an sich zu machen.

Wir sollten uns bewusst machen, ...

- dass wir selbst in der sozialen Interaktion mit anderen Menschen einen genauso wichtigen Part darstellen wie der andere auch.
- dass wir Triggerpunkte haben, die uns immer wieder aufregen.

Wir sollten uns fragen, ...

- was wir befürchten oder wovor wir Angst haben, wenn wir so getriggert sind?
- was wir in unserer eigenen Kommunikation tun, das dazu führen kann, dass ein anderer sich angegriffen fühlt?
- Aus der Beantwortung dieser Fragen können wir Strategien entwickeln, die uns helfen, besser mit entsprechenden Situationen umzugehen.

Strategien:

- *Im Beruf* ist es nicht hilfreich, über die Ursachen von Kommunikationsschwierigkeiten zu sprechen, vielmehr sollte man Strategien entwickeln, um anders reagieren zu können.
- *Im Privaten* sollte man keine Angst haben, über die eigenen Triggerpunkte oder Schwachstellen z.B. mit dem Partner zu sprechen.

Guter Vernehmer = Guter Kommunikator

An dieser Stelle möchte ich noch einmal zum Fall der verschwundenen Hannah L. zurückkehren. Wie erwähnt wurde die Betreuung der Familie des Mädchens zurück- beziehungsweise heruntergefahren, als es keine Hinweise darauf gab, dass die 13-Jährige wirklich entführt worden war.

Doch dieser Mangel an Hinweisen sollte sich letztlich als irreführend herausstellen. Tatsächlich nämlich war Hannah L. von Heinz S. entführt worden. Der damals 36-Jährige hatte sie in sein Auto gezerrt und mitgenommen. Wie sich später zeigen sollte, aus dem Grund, weil er sich eine Frau fangen wollte, um sie nach seinen Wünschen und Vorstellungen zu erziehen, und vor allem auch, um sie für immer zu behalten. Diese sogenannte Erziehung fand in den folgenden Tagen und Wochen in der Wohnung des Entführers statt, wo Hannah L. von ihm unzählige Male missbraucht wurde.

Trotz aller Torturen schaffte es das Mädchen am Ende jedoch selbst, ihre Situation so zu verändern, dass sie ihre Befreiung ermöglichte. Denn Heinz S. hielt sein Opfer zwar die meiste Zeit in der Wohnung gefangen, schloss sie zusätzlich auch in eine hölzerne Kiste ein, wenn er außer Haus Besorgungen machen musste. Doch immer wieder ging er vor allem in der Dunkelheit mit Hannah L. auch zu Spaziergängen aus dem Haus. Weil das Mädchen auf dem Weg zur Schule entführt worden war, hatte es seinen Schulranzen dabei, der ihr von Heinz S. auch nicht abgenommen worden war. Damit verfügte sie über ausreichend Stifte und Schreibutensilien, und so hatte Hannah L. nach einer Weile damit begonnen, Zettel zu schreiben, die sie auf den nächtlichen Spaziergängen unbemerkt fallen ließ. Darauf standen dann handschriftlich verfasst zum Beispiel Worte wie »Hilfe! Hilfe!« oder »Es geht um Leben und Tod! Das ist kein Scherz«.

Irgendwann kam dann ein Tag beziehungsweise eine Nacht, in der Heinz S. wieder einmal mit seinen Hunden und seiner Gefangenen vor die Tür ging. Draußen machte er halt an einem Abfallcontainer, um dort Müll zu entsorgen. Für Hannah L. war das die Gelegenheit, erneut einen beschrifteten Zettel auf den Boden fallen zu lassen, der später tatsächlich von einem Nachbarn gefunden werden sollte. Dieser Nachbar war zum Glück geistesgegenwärtig genug und hielt die von Kinderhand geschriebenen Worte nicht für einen Scherz. Vielmehr nahm er den Zettel an sich und informierte umgehend die Polizei. Was wiederum wenig später einen Großeinsatz auslöste, bei dem die Polizei in die nur spärlich möblierte Zweizimmerwohnung des Heinz S. eindrang, wo sie neben der schon erwähnten Holzkiste auch die lebende Hannah L. auffand. Heinz S. wurde festgenommen.

Dass das Mädchen sehr viel zu ihrer eigenen Befreiung beigetragen hat, war meiner Meinung nach sehr wichtig für ihre spätere Verarbeitung der Tat. Bei dieser Aussage handelt es sich natürlich um eine Hypothese von mir, aber ich gehe davon aus, dass ein derartiger eigener Beitrag im Nachhinein wichtig und zuträglich bei der Verarbeitung beziehungsweise Bewältigung einer solchen Situation ist. Weil sich Hannah L. rückblickend eben nicht mehr nur als Opfer wahrnehmen muss, sondern als einen Menschen, der Stärke gezeigt hat, und vor allem nicht untätig geblieben ist.

Heinz S. kam nach seiner Verhaftung in Untersuchungshaft und Hannah L. wurde von der Polizei zu ihrem Martyrium vernommen. Um bei Bedarf psychologische Erste Hilfe geben zu können, war ich bei der Befragung dabei. Aber: Die Vernehmerin und auch das Mädchen haben so wunderbar gearbeitet, dass meine Hilfe gar nicht benötigt wurde.

Was zu einem weiteren interessanten Punkt führt: In meiner Zeit bei der Polizei habe ich mir nämlich häufig die Frage gestellt, was einen guten von einem schlechten Vernehmer unterscheidet – also einen, der von seinem Gegenüber viele Informationen herausbringt, und einen, der nahezu keine Informationen bekommt. Die Antwort darauf besteht meiner Überzeugung nach aus mehreren Teilen. Ganz wesentlich ist die Fähigkeit, sich selbst zurückzunehmen, dem anderen Raum zu geben und trotzdem klar und konsequent zu sein. Das ist sicher ein Schlüssel, und es ist auch die Essenz dessen, was in diesem Buch behandelt wird. Denn dies gilt nicht nur für Vernehmer, sondern für alle Menschen, die kommunizieren und die vor allem auch erfolgreich kommunizieren wollen. Einen guten Kommunikator zeichnet aus, dass er sich selbst bewusst zurücknehmen kann, um dem anderem Raum zu geben. Raum, damit er überhaupt Informationen produzieren kann. Trotzdem aber schafft es ein guter Kommunikator auch, seinem eigenen Standpunkt klar und deutlich in der Unterhaltung Platz zu verschaffen.

Ein guter Kommunikator ist also gleichsam wertschätzend und raumgebend der anderen Person gegenüber, er ist außerdem inhaltlich sehr klar beim Thema. Meiner Meinung nach ermöglicht genau diese Kombination einer Kommunikation wirkliche Erfolge, mit ihr kommt ein guter Kommunikator sehr weit.

Vor allem aber ist all das keine graue Theorie. Vielmehr kann genau das jeder Mensch in seinem täglichen Leben umsetzen. Und zwar immer dann, wenn es um Kommunikation geht, aber auch dann, wenn es darum geht, für sich selbst eine Idee voranzubringen. Möglicherweise klingt es für den einen oder die andere paradox, wenn es um das Voranbringen oder die Durchsetzung einer eigenen Idee geht, erst einmal dem Gegenüber Raum zu geben. Doch viele Menschen machen genau das Gegenteil und scheitern am Ende sehr häufig damit. Sie forcieren von Anfang an den eigenen Gedanken und lassen nichts anderes mehr zu. Dabei haben sie zwar den größeren Redeanteil, aber sie bewirken emotional etwas in ihrem Gegenüber. Demjenigen oder derjenigen, den beziehungsweise die sie eigentlich überzeugen wollen, bereiten sie schlechte Gefühle. Sie erzeugen Reaktanz, also Widerstand im anderen. Nicht weil der oder die die Ideen grundsätzlich alle blöd findet, sondern weil er sich schlicht und ergreifend als Mensch nicht wertgeschätzt oder wahrgenommen fühlt. Diese Grundbedürfnisse des Menschen sollten wir aber gerade in der Überzeugungsarbeit ganz nach vorne stellen. Dann klappt es auch mit der Umsetzung der eigenen Idee.

Auch um hinter die Fassaden der Menschen zu kommen, sollten wir wissen, wie Kommunikation funktioniert. Denn nur über eine gute Kommunikation generieren wir Informationen – und nur diese Informationen ermöglichen uns dann auch den Blick hinter die Fassaden der Menschen.

Bei den – sehr ergiebigen – Vernehmungen des Entführungsopfers Hannah L. nahm ich wie erwähnt nur eine passive Rolle ein. In den Pausen jedoch habe ich mich mit dem Mädchen unterhalten, um zu prüfen, wie es ihr geht – es ging dabei allein um ihren psychologischen Status. Während der Vernehmung hätte ich jederzeit eingreifen können, um sie auf der psychologischen Ebene wieder herunterzuholen, etwa wenn sie die Befragung nicht mehr ausgehalten hätte. Denn es handelte sich ja ohnehin um eine Ausnahmesituation für das Mädchen. Alles noch einmal erzählen zu müssen, erhöht immens den Druck, denn bei der Polizei kann ein Opfer nicht nur vage von den Vorfällen während der Entführung berichten, sondern leider muss es das im Detail tun. Die Vernehmerin hat in diesem Fall wirklich hervorragende Arbeit geleistet und bei Hannah L. war der Wille zur Mithilfe bei der Aufklärung sehr klar vorhanden. Genau das ist schließlich auch die einzige Möglichkeit, die einem Opfer eines Verbrechens in so einem Fall bleibt, und die es nutzen kann. Dass das Opfer für sich selbst erkennt, einen Beitrag leisten zu können, damit der Täter eine Strafe für das bekommt, was er ihm angetan hat.

Man kann nachlesen, dass es für viele Opfer sehr wichtig ist auszusagen, und zwar auch vor Gericht auszusagen. Weil sie für sich das Gefühl haben, dass es sich dabei um genau den Beitrag handelt, den sie leisten können, damit der Täter tatsächlich verurteilt wird. Sagt man einem solchen Opfer einer Straftat, es müsse gar nicht aussagen, dann mag man manchem Opfer damit einen Gefallen tun, weil er oder sie nicht noch einmal alles erzählen muss. Bei anderen dagegen entsteht womöglich das Gefühl, ihnen werde die Möglichkeit genommen, einen eigenen Beitrag zu leisten.

Im Falle von Hannah L. kamen solche Gedanken nicht auf. Dass daran letztlich auch die Arbeit der Vernehmer ihren Anteil hatte, das führt erneut zurück zu der Frage, was einen guten von einem nicht so guten Vernehmer unterscheidet. Die beiden guten Vernehmerinnen in diesem Fall (es waren zwei, eine hatte allerdings den Hauptredeanteil) haben mit sehr viel Empathie und Einfühlungsvermögen versucht, die Perspektive des Opfers einzunehmen. Sie haben sich bemüht zu berücksichtigen, wie sie die Situation erlebt und verarbeitet hat. Genau auf diese Weise haben sie die Informationen dann auch erfragt – und das ist das Optimum dessen, was sich in einer Vernehmung erreichen lässt.

Fähigkeiten eines guten Kommunikators:
- sich selbst zurücknehmen und dem anderen Raum geben, trotzdem klar und konsequent bleiben
- den anderen fühlen lassen, dass er wertgeschätzt und/oder wahrgenommen wird

Eine gute Kommunikation generiert Informationen – und nur diese Informationen ermöglichen uns den Blick hinter die Fassaden der Menschen.

Ein bedrohter Anwalt und das Verhalten in kritischen Situationen

Für mich war die Anwesenheit während der Vernehmungen des Opfers wie gesagt der zweite Kontaktpunkt mit dem Fall beziehungsweise den beteiligten Personen – aber es sollte nicht der letzte sein, denn der nächste bestand darin, dass ich den Anwalt des Entführers Heinz S. zu beraten hatte. Er erhielt aufgrund seiner Verteidigung des Täters Droh- und Beleidigungsschreiben – so viele und mit solchen Inhalten, dass sich der Mann nicht mehr sicher fühlte und Angst bekam, irgendjemand würde ihm an den Kragen gehen. Dazu muss man wissen, dass die Emotionen in der Bevölkerung damals sehr hochkochten. Man verlangte die Verurteilung des Täters mit der ganzen zur Verfügung stehenden Härte der Gesetze – und viele Menschen verstanden nicht, wie ein Anwalt einen Menschen wie Heinz S. überhaupt verteidigen konnte.

Von mir bekam der Verteidiger daraufhin eine Verhaltensberatung. Dabei ging es vornehmlich um die Frage, was er selbst tun konnte, um für seine eigene Sicherheit und ein besseres persönliches Sicherheitsgefühl zu sorgen.

Bei solchen sicherheitsrelevanten Beratungsgesprächen geht es unter anderem darum, wie ein Mensch vor dem Hintergrund seines eigenen Handlungsmusters agieren sollte. Das Sicherheitsverhalten sollte in seinen Alltag passen und annehmbar für ihn sein, ansonten wird er sich nicht an die Ratschläge halten; macht ein Mensch viele Wege zu Fuß in der Stadt, dann bezieht sich die Beratung darauf; ein anderer fährt alle Wege mit dem Auto, da geht man eher auf die Sicherheit in der Öffentlichkeit und auf der Straße ein. Aber es beginnt bei eigentlich ganz simplen und für manche Menschen selbstverständlichen Dingen. Etwa damit, dass diese Person nicht einfach sorglos und fast schon gleichgültig aus der Wohnungs- beziehungsweise Haustür treten sollte, sondern dass sie vorsichtig handelt und sich zum Beispiel erst einmal nach allen Seiten umschauen sollte. Im Grunde beginnt diese Vorsicht sogar noch früher: Etwa indem die Person nicht gleich die Tür öffnet, sondern sich zuvor durch Blicke aus dem Fenster versichert, dass sie draußen nicht bereits von Menschen erwartet wird, die womöglich nichts Gutes im Schilde führen. Auch sollte die Person vor dem Verlassen der Wohnung die Rollos herunterlassen oder die Gardinen zuziehen, damit von außen niemand in die Wohnung blicken und sie so eventuell ausspionieren kann. Beim Klingeln an der Wohnungstür sollte man den Türspion auch nutzen und nicht einfach unbedarft die Tür öffnen, ohne sich vergewissert zu haben, wer draußen denn tatsächlich wartet. Oder man sollte während der Autofahrt darauf achten, die Türen von innen zu verriegeln, sodass sich nicht jedermann zum Beispiel beim Ampelstopp problemlos Zutritt ins Auto verschaffen kann.

Neben solchen Ratschlägen geht es in einer derartigen Beratung auch um Hinweise für das Verhalten, sollte es denn tatsächlich zu einer problematischen Situation beziehungsweise einer Konfrontation kommen. Thema »Deeskalation«. Ansonsten wird noch die Zusammenarbeit mit der Polizei und das Weiterleiten von Informationen besprochen.

Nun ist die Situation eines Anwalts von einem in der Bevölkerung verhassten Straftäter sicher eine Ausnahmesituation, in der sich zum Glück die wenigsten Menschen befinden. Trotzdem lassen sich aus einer solchen Situation nützliche Ratschläge für den persönlichen Alltag ableiten, die jeder nutzen kann. Ein ganz simpel erscheinender Rat ist zum Beispiel dieser: Wird man auf der Straße aus unerfindlichen Gründen angepöbelt, dann sollte man nicht sofort zurückpöbeln, sondern erst einmal die Situation checken. Das aber wiederum setzt voraus, dass man sich selbst recht gut im Griff hat. Menschen, denen normalerweise sofort die Hutschnur platzt, werden sich auch in solchen Momenten beziehungsweise Situationen kaum beherrschen können.

Wenn man auf der Straße angepöbelt wird und sich außerdem noch andere Personen in der Nähe befinden und die gesamte Situation grundsätzlich nicht sonderlich gefährlich wirkt, dann kann man sich womöglich relativ leicht aus der Situation herausziehen. Grundsätzlich ist es in solchen Momenten gesünder, sich einfach umzudrehen und zu gehen. Oder an dem Pöbler vorbeizugehen, ohne auf ihn und seine Worte zu reagieren.

Immer stellt sich die Frage, um welche Grundsituation es sich handelt. Ist es eine Gefahrensituation oder eher nicht? Jede Situation stellt sich anders dar. Das beginnt schon mit der Frage, ob wir den Menschen kennen, der uns da anpöbelt, oder ob wir ihn nicht kennen. Es kann durchaus vorkommen, dass wir durch die Stadt gehen und uns kommt ein Betrunkener entgegen, dessen Aggressionslevel schon recht hoch ist und der uns mit der Bierflasche in der Hand beschimpft. Das ist eine Situation, die immer sehr leicht und schnell gefährlich werden kann. Erkennen wir, dass wir auf unserem Weg quasi direkt auf eine solche Situation zugehen, dann ist es ratsam, schon vor der eigentlichen Begegnung die Straßenseite zu wechseln, damit es gar nicht zu einer Konfrontation kommen kann. Handelt es sich allerdings um eine Gruppe von mehreren alkoholisierten Pöblern und wir selbst sind alleine unterwegs, dann haben wir grundsätzlich eher schlechte Karten. Bei einer direkten Konfrontation können wir in so einem Fall relativ wenig bewirken. Nützlich wäre hier wieder eine gesunde Aufmerksamkeit im Vorfeld gewesen – sodass sich die Situation hätte vermeiden lassen.

Werden wir in der Öffentlichkeit bedroht, dann sollten wir prüfen, ob wir noch die Möglichkeit haben wegzulaufen. Ist diese Möglichkeit gegeben, dann sollten wir sie tatsächlich auch nutzen. Und zwar nicht irgendwohin, sondern zum nächsten Ort, an dem sich andere Menschen befinden. Wir könnten also beispielsweise in das nächste Geschäft gehen.

Ist Weglaufen keine Option, weil die Situation oder auch körperliche Einschränkungen es nicht erlauben, dann ist es ratsam, um Hilfe zu rufen. Dazu muss man sagen, dass das alleinige Rufen des Wortes *Hilfe* wenig erfolgversprechend ist. Dann nämlich besteht eine hohe Wahrscheinlichkeit, dass niemand hilft. Der Grund dafür ist, dass sich Menschen nach einem alleinigen *Hilfe*-Ruf oftmals nicht persönlich verantwortlich fühlen. In solchen Momenten neigen sie eher dazu, die Verantwortung auf andere zu übertragen. So etwas nennt man »Verantwortungs-Diffusion«. Günstiger wäre es, wenn wir Menschen konkret ansprechen, die uns helfen sollen. Wir sollten also beispielsweisen sagen: »Sie da, in der grünen Jacke, bitte helfen Sie mir!« – oder jemanden direkt anschauen und ihn bitten, die Polizei zu rufen oder helfend einzugreifen. Das erscheint zunächst einmal sehr simpel, tatsächlich aber können wir so die Chance dramatisch steigern, dass uns im öffentlichen Raum auch geholfen wird. Was sich hier so vereinfacht liest, wird einem jedoch nicht einfallen, wenn man sich noch nie mit einer solchen potenziellen Situation beschäftigt hat. Unser Gehirn benötigt ein gewisses Maß an Trainingseinheiten, damit es entsprechende Konzepte anlegt. Wenn wir uns nicht damit beschäftigen, beispielsweise nie etwas über solche Situationen lesen oder sie uns gedanklich vorstellen oder bestimmte Situationen einüben, greift unser Hirn in der Extremsituation diesbezüglich ins Leere. Doch dieses sind Punkte, die wir Menschen sehr leicht in unseren Alltag mit einbauen können, und mit denen wir uns vorbereiten können, falls wir tatsächlich einmal einer solchen Situation ausgesetzt sind.

Vor allem ist dabei wichtig, dass wir die Kontrolle über unser eigenes Verhalten behalten, beispielsweise nicht zurückpöbeln, weil genau das eskalierend wirken würde. Stattdessen sollten wir eine gewisse körperliche Distanz zwischen uns und das Gegenüber bringen, um dann so notfalls auf die Person einwirken zu können, um sie in ihrem Verhalten wieder herunterzubringen beziehungsweise zu beruhigen.

Ich möchte noch einmal kurz zum Rufen des Wortes *Hilfe* zurückkehren. In diesem Buch geht es darum, dass wir uns selbst kennen müssen, um hinter die Fassaden der anderen blicken zu können. Wenn wir uns selbst kennen, dann gehört dazu auch das Eingeständnis, dass unser Bild von unserem Selbst nicht immer hundertprozentig der Realität entspricht. Mancher Leser wird sich vermutlich so einschätzen, dass er selbstverständlich zu Hilfe eilen würde, wenn er von irgendwoher jemanden *Hilfe!* rufen hört. Tatsächlich gibt es Beispiele von Menschen, die genau das taten – obwohl sie sich damit selbst in Gefahr brachten. Doch das sind wenige im Vergleich zu denen, die nur glauben, dass sie genauso handeln. Häufig kommt es zu einer Fehleinschätzung unserer eigenen Person bei der Frage, wie wir denn in einer entsprechenden Situation reagieren würden. Außer wir haben es mit Menschen zu tun, die wirklich sehr reflektiert auf sich schauen können. Solche Personen kommen dann möglicherweise zu dem Schluss, dass sie auf den bloßen Hilfefruf nicht entsprechend reagieren würden beziehungsweise nicht wüssten, was sie tun würden. Solche schonungslose Ehrlichkeit ist aber längst nicht uns allen gegeben. Vielmehr sind wir eher bestrebt, positiv auf uns selbst zu schauen und uns gut darzustellen. Das machen wir gar nicht mal in erster Linie für die Außenwirkung anderer Menschen gegenüber. Wir machen es vielmehr für uns selbst. Weil wir womöglich gerne so wären, wie wir uns in dieser Sicht sehen. Nur verkennen wir dabei häufig, dass wir nicht immer diesem Ideal entsprechen, das wir von uns und damit auch für uns zeichnen. Es ist eine Tatsache, dass viele eine Sicht von sich selbst haben, die positiver als die Realität ist. Das gilt übrigens auch in Hinblick auf unsere Kompetenzen, Fähigkeiten oder unsere gesamte Persönlichkeit, die wir oftmals als perfekter ansehen, als es in vielen Situationen angebracht wäre.

Nun ist es aber nicht so, dass wir all unsere bisherigen Überzeugungen ins Gegenteil verkehren sollten. Die Beschäftigung mit uns selbst soll schließlich nicht dazu führen, uns alle depressiv werden zu lassen. Das Nachdenken soll auch nicht dazu führen, uns in unserer Leistung zu mindern. Vielmehr soll genau das Gegenteil geschehen. Es geht einfach darum, dass wir uns eingestehen, nicht in jedem Bereich unserer Existenz und unseres Seins perfekt zu sein. Denn das ist kein Mensch.

Die erste Voraussetzung, ehrlich auf sich selbst zu schauen, ist die grundsätzliche Bereitschaft dazu. Ich gehe allerdings davon aus, dass es auch Menschen gibt, die sich nicht in dieser Form ausführlich mit sich selbst beschäftigen möchten. Solche Menschen sagen sich, dass sie gut sind, so wie sie sind – tiefere Betrachtungen wollen sie im Grunde gar nicht vornehmen. Eine derartige Einstellung muss man natürlich akzeptieren.

Als Psychologin frage ich mich in solchen Fällen allerdings schon, warum eine Person eine solche innere Betrachtung nicht zulassen möchte. Es wird einen Grund geben, warum ein Mensch genau das nicht will. Einer dieser Gründe könnte sein, dass die betreffende Person an einige Dinge in ihrem Inneren nicht heran möchte. Weil sie womöglich ahnt, da einen Schwachpunkt entdecken zu können, oder weil die Beschäftigung mit einem Thema immer wieder schlechte Gefühle aufkommen lässt. Aus derartigen Gründen wird das Thema dann in eine Ecke geschoben. Dieses Wegschieben geschieht in weiten Teilen unbewusst.

Genau vor diesem Hintergrund ist mein Ratschlag zu bewerten, wir sollten die Überprüfung möglicher Schwachstellen durch uns selbst wirklich wollen. Hinzu kommt noch, dass es häufig sehr anstrengend werden kann, wenn wir uns mit uns selbst auseinandersetzen.

Ich selbst beispielsweise mache die Themen »Persönlichkeit« und »die Auseinandersetzung mit der eigenen Person« immer wieder zu Inhalten der Seminare, die ich anbiete und durchführe. Dabei wird selbstverständlich niemand zu etwas gezwungen, alles geschieht auf freiwilliger Basis. Und es gibt daher immer auch Personen, die deutlich sagen, dass sie diese Innenschau nicht wollen. Weil es in dem Kontext schließlich niemanden etwas angehe, wie die Person sich selbst empfinde oder wie ihre Persönlichkeit aussehe. Es gibt bereits im Vorfeld immer wieder Personen, die sagen, sie wüssten nicht, ob sie das wirklich wollten – sich etwa vor den Kollegen der Firma so öffentlich mit der eigenen Persönlichkeit auseinanderzusetzen.

Ich wiederum versuche, diesen Menschen ihre Ängste zu nehmen und ihnen zu vermitteln, dass sie nur das sagen und weitergeben sollten, was sie wirklich wollen. Genau bei diesen eher zögerlichen Personen handelt es sich am Ende meist um jene Menschen, die das Ergebnis im positiven Sinne sehr erstaunlich finden. Sie sagen dann, dass das Seminar ihnen sehr viel gebracht hätte, und dass es ihnen wider allen Erwartungen auch gar nichts ausgemacht hätte, mit und vor den anderen über persönliche Dinge zu sprechen. Auch deswegen ist es kein trivialer Satz, wenn ich sage, ein Mensch müsse diese Auseinandersetzung mit sich selbst erst einmal wollen. Letztendlich hilft diese Selbsterkenntnis auch beim Verstehen des Gegenübers.

Verhalten bei schwierigen Situationen
Im Vorfeld ...
- sollte man generell achtsam und aufmerksam sein, seine

Umgebung mit wachen Augen beobachten, d.h. evtl. die
Straßenseite wechseln, damit es nicht zu unangenehmen
Konfrontationen kommen kann.

In der Situation ...

- sollte man erst einmal Überblick gewinnen: nicht sofort
  zurückpöbeln, sondern erst die Situation checken.
- sollte man sich auf jeden Fall beherrschen und körperliche
  Distanz zwischen sich und den Angreifer bringen.
- sollte man sich grundsätzlich besser einfach umdrehen
  und gehen.
- sollte man prüfen, ob die Möglichkeit besteht wegzulaufen.

Wenn ja, nicht irgendwohin laufen, sondern zum nächsten
Ort, an dem sich andere Menschen befinden.
Wenn nein, ist es ratsam, um Hilfe zu rufen. Alleiniges Rufen des Wortes Hilfe ist wenig erfolgversprechend, besser
Menschen konkret ansprechen oder jemanden direkt anschauen und ihn bitten, die Polizei zu rufen oder ander-
weitig zu helfen.

Vorbeugend ...

- *sollte man das richtige Verhalten trainieren ...*
- indem man Informationen über das richtige Verhalten bei
  schwierigen Situationen liest, sie sich gedanklich vorstellt
  und bestimmte Verhaltensweisen in Situationen einübt.
- indem man daraufhin die eigene Verhaltensweise im
  Vorfeld beurteilt und prüft, ob sie wirklich den Tatsachen
  entsprechen würde.

Den Menschen achten, auch wenn seine Handlungen verabscheuungswürdig sind

Die Beratung des Anwalts war wie gesagt ein weiterer Berührungspunkt mit dem Fall Heinz S. und Hannah L. Der nächste Berührungspunkt folgte bereits kurze Zeit später, als unsere Verhandlungsgruppe in dem Fall erneut in Alarmbereitschaft versetzt wurde. In der zuständigen Justizvollzugsanstalt hatte es Heinz S. irgendwie geschafft, sich seinen Wärtern zu entziehen und während seines Hofgangs auf ein Dach zu klettern. Dort oben angekommen, drohte er damit, er wolle vom Dach springen.

Das war die Ausgangssituation für unseren erneuten Einsatz. Wir hielten das allerdings zunächst für einen Scherz. Weil es sich schlicht so unglaubhaft anhörte, die gesamte Situation war zumindest sehr ungewöhnlich. Es erschien uns unmöglich, dass es gerade der so intensiv bewachte Heinz S. geschafft haben sollte, in der Justizvollzugsanstalt auf ein Dach zu flüchten. Hinzu kam, dass Heinz S. wochenlang die Schlagzeilen der Medien beherrscht hatte, sodass niemand glauben konnte oder mochte, dass er nun schon wieder für Publicity sorgen sollte. Bekannt war außerdem, dass sich Heinz S. innerhalb der Anstalt nicht so wie die übrigen Häftlinge bewegen konnte. Für ihn galten spezielle Vorschriften, sodass er unter anderem nicht in Kontakt mit anderen Insassen kam. Diese Insassen waren ihm gegenüber ähnlich ablehnend eingestellt, wie es in weiten Teilen der Bevölkerung der Fall war. Grundsätzlich stehen Kinderschänder in der Gefängnishierarchie auf der untersten Stufe.

Aus diesen Gründen gab es für Heinz S. in der Haft Einzelausgang in Begleitung von zwei JVA-Wachen. Dass er sich ausgerechnet in einer solchen Situation befreien und außerdem noch eine Hauswand hochklettern konnte, machte die Sache nicht gerade glaubwürdiger oder wahrscheinlicher. Wir dachten also zunächst an einen seltsamen Scherz, aber recht schnell wurde klar, dass es sich um einen sehr realen Einsatz handelte.

Dass es zu unserem Einsatz kam, hing damit zusammen, dass Heinz S. nicht auf das Dach geflüchtet war, um auszubrechen, sondern dass er damit drohte, er werde sich umbringen, indem er von diesem Dach springe.

Die Dach-Flucht des Heinz S. löste einen Großeinsatz der Polizei aus. Es handelte sich nicht nur um eine schwierige, sondern auch um eine komplexe Situation, weil jeder Beteiligte seine eigene Einstellung zu dem Fall an sich besaß. Geht man aber in einen solchen Einsatz, dann muss sich jeder Beteiligte von dieser persönlichen Einstellung befreien – hier kommt dann wieder die Selbst-Reflexion als wichtiger Faktor ins Spiel. Die Einstellung, die ein jeder in seinem Kopf hat, muss an einen Ort geschoben werden, an dem sie sich als nicht störend für die Gespräche erweist. So etwas spielt eine wichtige Rolle, um wirklich unbelastet in einen derartigen Einsatz gehen zu können. Denn wenn man mit der Haltung in den Einsatz geht, dass es einem beispielsweise vollkommen egal ist, was mit dem Mann auf dem Dach geschieht, oder man sogar zu sich sagt:»Soll das Schwein doch springen«, dann wird sich das auf die Kommunikation mit diesem Menschen auswirken. Und mit auswirken meine ich, dass die Gespräche dadurch negativ beeinflusst werden. Unter dieser Beeinflussung lassen sich keine freien Strategien mehr entwickeln, um Fortschritte zu erzielen, sondern man blockiert sich damit.

Insgesamt war der Einsatz im Gefängnis für uns eine wirkliche Herausforderung. Hilfreich war dabei die besagte Selbstreflexion, die man bekommt, wenn man schon mehrere Einsätze absolviert hat. Denn wir mussten schon vor diesem Tag häufig mit Menschen sprechen, die nicht unbedingt als sonderlich sympathisch gelten. Ein Geiselnehmer etwa hat von vornherein schon einige Punkte auf der Antipathie-Skala gesammelt. Trotzdem sollte genau das aber die Kommunikation mit einer solchen Person nicht beeinflussen. Sonst nämlich könnte er eventuell bemerken, dass man ihn als Mensch ablehnt.

Das ist der eigentliche Kern und zusätzlich eine wichtige Voraussetzung: dass man es schafft, einem Menschen eine gewisse Wertschätzung zu vermitteln, egal was dieser getan hat. Das Gegenüber soll sich als Mensch wahrgenommen fühlen – was jedoch nicht bedeutet, dass ihm eine wirklich von Herzen kommende Zuneigung entgegengebracht wird. Wertschätzung und Zuneigung sind außerdem vollkommen unterschiedliche innere Haltungen. Man muss einen Menschen nicht mögen, um ihn wertschätzend zu behandeln. Inhaltlich wiederum kann man seine ganz eigene Meinung zu dem Fall haben, und diese auch zum Ausdruck bringen. Aber man sollte versuchen, das eine vom anderen zu trennen. Das jedoch kann nur gelingen, wenn man sich über seine Befindlichkeiten im Klaren ist.

Auch bei Heinz S. funktionierte das nur, weil die Verhandler sich auf der einen Seite bewusst machten, was er zuvor alles getan hatte – und zwar Dinge, die absolut abzulehnen und zum Teil wirklich verabscheuungswürdig waren. Trotzdem konnten sie auf der anderen Seite als Mensch mit diesem Menschen sprechen. Sie haben sich also im Vorfeld die Frage stellen müssen, ob ein Heinz S. durch seine Taten sein Mensch-Sein verloren hat. Und da sie dabei zu dem Schluss gekommen waren, dass das nicht der Fall und Heinz S. eben ein Mensch war, konnten sie versuchen, seine Taten vorübergehend in den Hintergrund zu stellen, sodass diese Vorfälle nicht den Aufbau der Kommunikation beeinflussten. Denn das Negative, die Ablehnung der Person, sollte während solcher Gespräche keine Rolle spielen.

Vermittlung von Wertschätzung
Man sollte es schaffen, einem Menschen eine gewisse Wertschätzung zu vermitteln, egal was dieser getan hat. Das Gegenüber soll sich als Mensch wahrgenommen fühlen. Dies ist auch ein Grundbedürfnis des Menschen. Wenn man ein Ziel umsetzen möchte, dann sollte man dieses Bedürfnis beachten. Ein Mensch verliert durch sein Handeln nicht sein Mensch-Sein, auch wenn man sein Handeln zutiefst negativ beurteilt.

Eine Idee ist nicht zwangsläufig auch eine gute Idee

Natürlich ist es bei einer Verhandlungsgruppe so, wie es eigentlich immer ist, wenn Menschen miteinander sprechen und sich beraten: Man ist sich nicht immer einig. Auch in einer solchen Gruppe ist ein hohes Maß an Selbstdisziplin notwendig, um bei den Absprachen auch zu einem Schluss zu kommen.

Denn wir als Team müssen uns auf ein Vorgehen einigen, und zwar bevor der Einsatz auf andere Weise zu einem Ende kommt. Häufig muss es einfach schnell gehen, und gerade wenn es schnell gehen muss, ist viel Selbstdisziplin für jede Person am Tisch der Verhandlungsgruppe unabdingbar. Man sollte also überzeugt sein von den Dingen, die man zum Ausdruck bringt – denn man möchte ja auch, dass einem in diesem Zusammenhang jemand zuhört. Trotzdem muss man immer offen bleiben und weiter zuhören, weil jeder andere am Tisch genau wie man selbst ebenfalls eigene Ideen vertritt und Überzeugungen hat und möchte, das seine Ideen und Überzeugungen Gehör finden, sodass sie sich im besten Fall dann auch gegen konkurrierende Meinungen durchsetzen. Jeder hat also im Grunde das gleiche Anliegen und genau aus diesem Grund verdient jede Meinung das gleiche Gehör und die gleiche Aufmerksamkeit wie die eigene Meinung – auch wenn es uns immer wieder schwerfallen mag, das einzusehen und zu akzeptieren.

Wenn man eine Idee hat, ist man also vermutlich nicht die einzige Person, die eine Idee hat. Und dass man eine Idee hat, bedeutet nicht automatisch, dass sie immer die beste

Idee ist. Hier hilft dann wieder die Selbstdisziplin dabei, dass man in der Lage ist, sich auf andere einzulassen. Auch wenn man überstimmt wurde, gleichzeitig aber immer noch an seiner Idee beziehungsweise Überzeugung festhält, sollte man in der Lage sein, sich zu sagen, dass nun aber die Entscheidung feststeht und dass sich die eigene Idee nicht durchgesetzt hat – dass es einfach so ist, wie es ist.

Ich sage mir in einer solchen Situation, dass eben die meisten Menschen am Tisch anderer Meinung waren als ich und dass ich die Sache daher nun nicht mehr weiter ausdiskutieren, sondern das Beschlossene akzeptieren muss. Dass man später noch einmal über das Thema reden kann und es auch muss, das ist klar. Aber erst einmal ist es nun so und wird auch so umgesetzt. Ohne ein so hohes Maß an Selbstdisziplin funktioniert es in derartigen speziellen Situationen einfach nicht, man würde sich vielmehr gegenseitig zerpflücken.

Im beruflichen Alltag gibt es zahlreiche ähnliche Situationen, in denen sich Menschen miteinander arrangieren müssen. Es gibt eine soziale Regel, die frei übersetzt lautet: »Richtig ist das, was viele Menschen tun.« An dieser Regel orientieren sich zahlreiche Menschen. Die Geschichte hat uns in der Vergangenheit allerdings häufig eines Besseren belehrt, und es gibt immer wieder Situationen, in denen diese Regel nicht wirklich funktioniert. Trotzdem ist es so, dass Menschen sich an besagter Regel orientieren, wenn sie denn Orientierung benötigen.

Doch auch bei der Mehrheits-Meinung oder dem Vertreten der eigenen individuellen Meinung gibt es verschiedene Szenarien, die zu beachten sind und die zu ganz eigenen Schlüssen führen. Nehmen wir das Beispiel einer Firma, vielleicht einer Werbeagentur, die eine Präsentation vorlegen will. Haben die Mitarbeiter vor dem Termin der Präsentation noch reichlich Zeit und sitzen gemeinsam am Tisch, um die Art der Präsentation zu besprechen, dann lohnt es sich immer, mit einer gewissen Energie die eigene Idee einzubringen und sie zu verteidigen beziehungsweise voranzutreiben. Das sollte allerdings auch in diesem Fall nicht so weit gehen, dass man nur noch die eigene Idee in den Mittelpunkt stellt und die Ideen der Kollegen als untauglich abtut, nur weil sie eben von den anderen stammen. Auch in einer solchen Situation sollte man immer noch offen sein für die Ideen der anderen – ohne die eigene Idee und damit die eigene Meinung über Bord zu werfen.

Sitzen aber beispielsweise insgesamt fünf Menschen am Tisch, und vier dieser Menschen sagen, dass die eigene Idee nicht gut ist, dann sollte man schon eine Reihe von inhaltlichen Gründen vorweisen können, wenn man wirklich an seiner Überzeugung und damit seiner Idee festhalten will.

Inhaltliche Gründe könnten – um beim Beispiel Werbeagentur zu bleiben – sein, dass es von dem Kunden gewisse Budgetvorgaben gibt, die von der eigenen Idee besser als von anderen erfüllt würden. Oder es gibt die Vorgabe, dass die Kunden emotional gepackt werden sollen, und man ist davon überzeugt, dass die eigene Idee für die Präsentation genau das am besten erreichen könne.

Was ich damit sagen möchte, ist Folgendes: Wenn man bei einer derartigen Diskussion trotz aller anderslautenden Meinungen immer noch sachliche Argumente findet, die die eigene Überzeugung stützen können, dass das, was man sagt, immer noch besser ist als die Gegenvorschläge, dann ist es sicher lohnenswert, auch weiter bei dieser Überzeugung zu bleiben und sie zu verteidigen.

Wenn man den anderen aber nur in der Form gegenübertreten kann, dass man ihnen sagt, es sei ja wohl ein Unding, dass sie die eigene Idee ablehnten, dann sollte man die Sache noch einmal überdenken. Weil einem außer dem persönlichen Frust keine Argumente eingefallen sind, mit denen man seine Idee verteidigen und sie weiter voranbringen konnte.

Wenn man also allein aus Gründen seiner Befindlichkeit versucht, an einer Überzeugung hängen zu bleiben, wenn es nur darum geht, dass man sich vielleicht zu Unrecht kritisiert fühlt, auf der anderen Seite aber keinerlei sachliche Argumente vorweisen kann, dann ist ein Festhalten an der eigenen Idee sicher nicht der richtige Weg. Ähnlich verhält es sich bei gewissen narzisstischen Prägungen, die letztlich dazu führen, dass eine Person es im Grunde nur nicht ertragen kann, wenn andere ihre Arbeit kritisieren. Jede Form der Kritik wird dann als Angriff auf den Selbstwert wahrgenommen. Wenn wir aus derartigen ausschließlich persönlichen Gründen an unserer Idee, unserer Meinung oder auch unserer Präsentation kleben bleiben, dann begehen wir sicherlich einen Fehler.

Insgesamt gibt es aber kein Schwarz-Weiß und auch keine Ja-Nein-Antwort auf die Frage, ob wir in einem bestimmten Moment nachgeben sollten. Es ist wie in eigentlich allen anderen Situationen so, dass wir erst einmal uns selbst befragen müssen. Wir müssen für uns klären, warum uns die Kritik an unserer Idee so trifft, wir sollten auch klären, ob die Kritik allein durch unsere Eitelkeit verstärkt wird oder ob wir der Ablehnung eventuell doch ganz sachliche Argumente entgegenzusetzen haben.

Es gibt viele Situationen, in denen wir persönlich getroffen sind, weil unsere Arbeit kritisiert wird, und bei denen wir inhaltliche Gründe zur Verteidigung unserer Arbeit und auch unserer Haltung vorschieben – weil wir einfach nicht zugeben wollen, wie sehr uns die Kritik getroffen hat in unserem Selbstwert, unserer Kompetenz, unserer Professionalität oder wo auch immer. Es gehört schon einiges dazu, hier differenzieren zu können, sodass wir uns letztlich sagen können, dass uns die Gegenseite zwar persönlich getroffen hat, dass deren Argumente inhaltlich aber Hand und Fuß haben. Wir müssen in unserer Selbstkenntnis einen großen Schritt voran gemacht haben, um so etwas zu erkennen. Ist das dann aber tatsächlich der Fall, dann ist es sehr hilfreich.

Es gibt viele Situationen, die genau das widerspiegeln. Nicht zuletzt dann, wenn es in der Partnerschaft zu Konflikten beziehungsweise Streitereien kommt, wenn man sich gegenseitig Vorwürfe macht. Werden wir von unserem Partner oder unserer Partnerin kritisiert, dann ist es häufig ebenfalls so, dass wir uns als Person angegriffen fühlen. Genau dieses Gefühl des Angriffs auf unsere Person ist es dann auch, das wir nicht ertragen können – obwohl der Angriff in der Sache möglicherweise durchaus berechtigt ist. Können wir in so einer Situation wiederum nicht differenzieren, dann werden wir auch nie dem anderen recht geben oder recht geben können.

Ein alltägliches Beispiel ist die Situation, in der ein Partner dem anderen vorwirft, er würde ständig etwas in der Wohnung herumliegen lassen – andauernd müsse er ihm hinterherräumen, und das sei im Grunde unerträglich. In einer solchen Situation kommen bei dem beschuldigten Partner dann vor allem Begriffe wie »andauernd« oder »ständig« an. Damit verbunden empfängt er den Vorwurf, dass das Liegenlassen quasi mit ihm als Person untrennbar verbunden ist. Er zieht aus der Aussage also vor allem den Vorwurf, dass nicht sein Verhalten als störend empfunden wird, sondern dass er als Person es ist, der stört. Es kann schon so sein, dass er sich im Grunde eingesteht, er wäre eventuell nicht die ordentlichste Person auf dem Erdball. Aber das Gefühl, dass er mit diesen Worten vor allem als Person angegriffen wurde, macht alle anderen Überlegungen und Empfindungen zunichte. Die wenigsten Menschen sind dann in der Lage, dem Partner zu sagen, dass er mit seinem Vorwurf ja eigentlich richtigliegt. Stattdessen wird auf der persönlichen Ebene regelrecht zurückgeschossen. Der sachliche Vorwurf dagegen wird gar nicht zur Kenntnis genommen, wird weder bejaht noch verneint. Im Endeffekt handelt es sich um die gleiche Situation wie im beruflichen Umfeld, in dem unsere Idee nicht so gewürdigt wurde, wie wir es uns wünschten. Es geht also darum, ob wir uns als Person angegriffen fühlen, oder ob es im beruflichen Kontext die Idee an sich ist, die sachlich nicht so gut ist, wie wir es uns eigentlich gedacht hatten. Das differenzieren zu können, ist wie gesagt sehr hilfreich – für uns selbst, noch mehr für unsere Mitmenschen. Es erleichtert insgesamt den Umgang mit anderen Personen ungemein.

Tipps für Situationen, in denen sich Menschen miteinander arrangieren müssen:

- Wenn man eine Idee hat, ist man nicht die einzige Person, die eine Idee hat, auch andere haben Ideen.

- Dass man eine Idee hat, bedeutet nicht, dass die eigene Idee immer die beste Idee ist.

- Man sollte die Ideen der anderen nicht als untauglich abtun, nur weil sie von den anderen stammen.

- Wenn man sachliche Argumente findet, die die eigene Idee stützen, dann ist es lohnenswert, diese Überzeugung zu verteidigen. Wenn man nur verletzt ist, weil die eigene Idee nicht angenommen wurde, sollte man die Verteidigung der eigenen Idee noch einmal überdenken.

- Man sollte lernen zu differenzieren, ob man bei einer Ablehnung der eigenen Idee oder bei Kritik von anderen Personen nur persönlich getroffen ist oder ob die Gegenseite Argumente liefert, die Hand und Fuß haben.

- Wird man vom eigenen Partner oder der Partnerin kritisiert, dann ist es häufig so, dass man sich als Person angegriffen fühlt. Dieses Gefühl kann man meist nicht ertragen – auch wenn der Angriff in der Sache möglicherweise berechtigt ist.

Klären, was ein Mensch wirklich will

Doch zurück zu Heinz S., der auf dem Dach ausharrt. Die Frage, die in solchen und ähnlichen Fällen immer zu klären ist, ist die, wie die jeweilige Person angesprochen werden soll und wie mit ihr umzugehen ist.

Wann immer man mit einer Person spricht, die offensichtlich ein großes Problem hat, ist es sinnvoll, in Erfahrung zu bringen, was in dem Gegenüber gerade vorgeht, und die Frage zu klären, was diese Person wirklich will. Steht jemand beispielsweise auf dem Dach und droht damit herunterzuspringen, sollte in dem Gespräch geklärt werden, ob derjenige wirklich nicht mehr weiterleben will und ob die Gefahr besteht, dass er tatsächlich herunterspringen wird. Alternativ beziehungsweise ergänzend ist zu klären, ob die Person mit ihrer Aktion eventuell etwas vollkommen anderes bezweckt. Will sie vielleicht einfach nur Aufmerksamkeit erregen? Gibt es eine Forderung, die gestellt wird, und auf deren Erfüllung die Person wartet?

Das ist das Hauptziel, um das es bei unseren derartigen Einsätzen geht: Zu ermitteln, was sich wirklich hinter einer Situation verbirgt. Das muss erarbeitet werden. Und wenn ich von erarbeiten rede, dann geht es nicht nur darum, es für den Gesprächsführer zu erarbeiten. Wir müssen es auch für das Gegenüber erarbeiten. Denn reden wir mit einer Person, die offensichtlich ein großes Problem hat, dann ist zu berücksichtigen, dass diese Person womöglich noch gar nicht fassen kann, worin dieses große Problem denn wirklich besteht. Manchmal weiß es der Mensch, manchmal aber eben noch nicht. Genau das ist also ein Punkt, der herauszuarbeiten ist.

Die Frage lautet dann natürlich: Wie macht man das am besten? Diese Frage lässt sich auch in der Form beantworten, wie man es am besten nicht macht. So sollte es tunlichst vermieden werden, eigene Themen in das Gespräch einzubringen. Man sollte also nicht von irgendwelchen Dingen erzählen, nur weil man der Meinung ist, der andere würde darüber jetzt vielleicht gerne reden. Meistens ist genau das eben nicht der Fall – weil man in der Regel Themen im Kopf hat, die für den anderen keinerlei Relevanz besitzen.

Eine der wichtigsten Fähigkeiten in einem solchen Moment ist daher die Fähigkeit, sich selbst zurücknehmen zu können. Das gilt für Gespräche mit einem Heinz S. ebenso wie für alle in irgendeiner Form ansatzweise vergleichbaren Situationen. Man begibt sich also in die Situation, ist sich zu einhundert Prozent bewusst, was man dort macht, und man ist sich auch bewusst, was einzelne gesagte Worte eventuell beim Gegenüber auslösen können. Man nimmt sich und seine Themen zurück, und bringt sich als Person allein auf der reinen Beziehungsebene ein. Das ist das Wichtigste, und genau das können wir tun, indem wir mental beim Gegenüber sind – wir schauen ihn an und nehmen eine offene Körperhaltung ein. Zum anderen versuchen wir dann zu erfassen, was gerade bei dem Gegenüber geschieht, was bei ihm und mit ihm los ist. Alles, was nun von dem Gegenüber an Themen kommt, das sollten wir hören und auch wirklich wahrnehmen, um es dann für das Gespräch zu nutzen.

Nun ist es ja so, dass man etwas sagen muss, um das Gespräch zu beginnen. Gerade auch in einem Fall wie dem von Heinz S. ist nicht zu erwarten, dass er selbst etwa mit Worten wie »*schön, dass Sie da sind, legen Sie mal los*« das Gespräch von seiner Seite beginnt. Vielmehr muss man zunächst in das Gespräch hineinkommen, und auch hier ist es ratsam, nicht zu viel Raum einzunehmen. Natürlich ist es selbstverständlich, dass man sich zunächst einmal vorstellt und auch definiert, wer man eigentlich ist. Dann geht es um die Darstellung der Situation, so wie sie gerade ist. Es geht also etwa darum, dass man sich auf einem Dach befindet, von dem es einige Meter bis zum Boden abwärts geht, und dass man die Information bekommen habe, das Gegenüber wolle von eben diesem Dach springen. Das seien die Informationen gewesen, die man bekommen habe, und daher sei man nun eben hier.

Ist das gesagt, sollte man in der Lage sein, eine Pause zu machen. Einfach um herauszufinden, was denn von dem Gesagten beim Gegenüber tatsächlich angekommen ist und welche Reaktion die Person nun darauf zeigt. Sagt das Gegenüber etwas, dann kann man das natürlich aufgreifen. Es kann zum Beispiel sein, dass die Person äußert, ihr Leben habe keinen Sinn mehr, sie wisse gar nicht, warum sie überhaupt da sei, und genau deswegen wolle sie ihr Leben nun beenden. Solche Anfangs-Statements kommen durchaus vor. Man hat in einer solchen Situation verschiedene Möglichkeiten, darauf zu reagieren. Wenn man sich selbst einbringen würde, dann würde man vielleicht sagen, dass man sich einen Suizid von der eigenen Warte aus überhaupt nicht vorstellen könne. Man würde sagen, dass, was auch immer geschehen sei, keinen Grund darstelle, sich das Leben zu nehmen.

Das aber würde bedeuten, mit der eigenen Perspektive und seinem Standpunkt in die Kommunikation hinein zu gehen. Und es würde bedeuten, dass man das tut, weil man glaubt, der eigene Standpunkt und die eigene Perspektive seien eben die einzig richtigen. Andere Ansichten dagegen wären falsch. All das würde ein derartiges Statement möglicherweise transportieren.

Im Umkehrschluss bedeutet dies: Man erfasst die Perspektive des anderen auf diese Art in keinster Weise. Denn wenn man sagt, dass alles ja gar nicht so schlimm sei, dann ist das die eigene Meinung, sie berücksichtigt aber nicht, wie schwer die Situation für das Gegenüber wiegt.

Genau daher meine ich, dass es ratsam ist, sich zu diesem frühen Zeitpunkt der Kommunikation als Person noch sehr zurückzunehmen. Es ist außerdem ratsam, nicht alles zu bewerten, was von der anderen Seite kommt beziehungsweise kommuniziert wird. Richtet man sich danach, dann geht man mit seiner eigenen Kommunikation strategisch um. Weil man nämlich etwas zurückhält. Natürlich kann man für sich selber denken, dass es Unsinn ist, sich wegen einer Bagatelle das Leben zu nehmen. Aber genau das sollte man in einer solchen Situation nicht auch aussprechen. Ich gehe daher mit derartigen Äußerungen sehr zurückhaltend um.

Damit verbunden ist natürlich auch, dass gegenteilige Äußerungen von der eigenen Seite ebenfalls zu unterbleiben haben. Im Falle eines angekündigten Suizids wäre es aus naheliegenden Gründen ebenfalls ein schlechter Ansatz, wenn man das Gegenüber bestärkt, indem man ihm sagt, sein Vorhaben sei eine großartige Idee. Genau das würden womöglich Menschen sagen, die der Meinung sind, sie müssten anderen nach dem Mund reden, um in eine Kommunikation hineinzukommen.

Natürlich ist mir bewusst, dass der angedrohte Suizid des Heinz S. ein sehr extremes Beispiel für solche Kommunikationsmuster darstellt. Doch die besagten Muster kommen in zahllosen Alltagssituationen ebenfalls vor. Etwa wenn es um einen Konflikt geht, oder auch um einen Streit.

Nichtsdestotrotz fällt es vielen von uns sehr schwer Aussagen wertfrei entgegenzunehmen. Es fällt schwer, nicht Ja oder Nein, gut oder schlecht zu sagen, und stattdessen einfach aufzunehmen, was das Gegenüber bereit ist zu vermitteln. Besser ist es, sich einzugestehen, dass es die eigene Meinung, die des anderen und noch zahllose weitere Meinungen gibt, und dass man vor diesem Hintergrund noch lange nicht zu einer Wertung in Form von richtig oder falsch greifen muss. Viele Menschen aber setzen sich regelrecht selbst unter Druck, weil sie glauben, eine Aussage mit richtig oder falsch bewerten zu müssen. Natürlich möchte man bei einer Meinungsverschiedenheit oder sogar einem Streit seine Meinung zum Ausdruck bringen und den anderen von dieser überzeugen. Dies gelingt aber eher, wenn man erst einmal zuhört und auch den Standpunkt des anderen entgegennimmt, als wenn man direkt vehement in die Gegenrede einstimmt. Das ist dann der klassische Schlagabtausch, bei dem es wenig wahrscheinlich ist, dass einer der Beteiligten seine Meinung aufgibt. Gibt man dagegen dem anderen Raum und das Gefühl, gehört und wahrgenommen zu werden, hat man erheblich größere Chancen, um zu seinem Ziel zu kommen.

Im Falle der beschriebenen Suizid-Ankündigung geht es also nicht um eine Bewertung von der eigenen Seite, sondern darum, zunächst einmal die Äußerungen aufzunehmen. Wenn man darauf reagiert, sollten auch Fakten ausgesprochen werden. Indem man zum Beispiel sagt, dass man verstanden habe, die Person wolle jetzt in den Tod springen. Eine derartige Äußerung beinhaltet keinerlei Wertung, sie spiegelt vielmehr noch einmal wider, was der andere zuvor gesagt hat. Ebenfalls möglich wären Nachfragen, die der Klärung beziehungsweise auch Aufklärung von Hintergründen dienen. Sagt die Person etwa, sie wolle sich umbringen, weil ihr alles zu viel werde, dann kann durchaus die Frage gestellt werden, was dieses *alles* denn eigentlich sei. Sehr wichtig ist vor dem gesamten Hintergrund, dass dem Gegenüber die Autonomie gelassen wird. Dass man der Person also sagt – direkt oder indirekt –, es sei ihr Leben, und dass sie damit am Ende tun und lassen könne, was immer sie wolle. Eine solche Aussage verhindert nicht, dass man auf die Person zugeht und ihr sagt, dass man vorher jedoch noch einmal mit ihr reden möchte und dass man auch gerne wüsste, was besagtes *alles* denn sei. Aber wie gesagt: immer ohne eine Bewertung der Aussagen des oder der anderen.

Hinter diesen Punkten verbirgt sich meiner Überzeugung nach ein guter Leitfaden für sehr viele unterschiedliche Situationen. Etwa dafür, dass man in Problemgesprächen erst einmal versucht, die eigene Person nicht zu sehr in den Vordergrund zu stellen, sich jedoch gleichzeitig über die eigene Person im Klaren ist.

Bei Verhandlungssituationen wie im Fall Heinz S. ist es so, dass man sich nicht den Verlauf des gesamten Gespräches von vornherein zurechtlegen kann. Vieles geschieht während solcher Kommunikationen erst in Echtzeit. Das gilt vor allem für die Entwicklung der konkreten Themen, über die gesprochen wird. Diese ergeben sich während der realen Situation durch den ebenso realen Ablauf.

Es gibt aber auch etwas, was schon vor der Aufnahme des Gespräches klar sein sollte: nämlich die generelle Herangehensweise. Das gilt für die schon erwähnten Punkte, dass dem Gegenüber die Autonomie gelassen wird, dass der Gesprächsführer sich selbst zurücknimmt oder dass man niemals versuchen sollte, einen solchen Menschen zu überreden. Das gilt außerdem dafür, dass Handlungsoptionen im Rahmen des Gespräches entwickelt werden – auch wenn man diese Optionen schon hatte oder sich der Optionen bewusst war, als man in das Gespräch hineinging. Aber es ist wichtig, dass diese Optionen beim Gegenüber zumindest den Eindruck entstehen lassen, sie würden während des Gespräches erst gemeinsam entwickelt. Denn noch einmal: Niemand sollte versuchen, eine solche Person zu überreden, indem man darauf beharrt, die eigene Sicht der Dinge oder der Optionen sei die Bessere.

Wichtig, und auch im Vorfeld klar ist das Wissen, dass man in einen solchen Einsatz mit Zeit hineingehen muss. Niemand darf einen derartigen Einsatz in dem Wissen übernehmen, dass er etwa in zwei oder drei Stunden seinen Wagen in die Werkstatt bringen oder das Kind aus der Kinderkrippe

abholen muss. Wenn nämlich ein solcher terminierte Zeitpunkt während der Verhandlungen näher rückt, ohne dass
ein Fortschritt erzielt wurde, dann hat man ein ernstes Problem. Das Problem besteht nicht in erster Linie in dem Termin
an sich. Es besteht vor allem in der Form, dass es Menschen
auch anzumerken ist, wenn sie unter Zeitdruck stehen.

Was thematisch geschieht und über was tatsächlich gesprochen wird, das entwickelt sich in Echtzeit. Genau das wurde
mir während des ersten Falles in meiner Laufbahn als Polizeipsychologin bewusst. In diesem Fall ging es um ein Mädchen,
das sich vom Dach eines Wohnhauses in die Tiefe stürzen wollte. Mit dieser jungen Frau habe ich über alles Mögliche gesprochen. Ein Thema waren ihre Erfahrungen in einer psychiatri-
schen Anstalt – denn in genau diese Psychiatrie wollte sie nie
wieder zurück. Natürlich haben wir darüber gesprochen, welche Erfahrungen sie dort gemacht hatte, was an dem Aufent-
halt so schrecklich war, dass sie dort nie wieder sein wollte.
Auf der anderen Seite haben wir sehr lange über Musik gesprochen. Ich habe sie nach ihrem Musikgeschmack gefragt,
danach, was sie gerne hört. Es ging darum, wann sie Musik
hört, wie sie Musik hört, ob sie am liebsten Kopfhörer nutzt
und so weiter. Aufgebracht wurde das Thema Musik von dem
Mädchen selbst, ich wiederum habe es mit Bedacht forciert,
sodass wir schließlich bestimmt eine halbe Stunde vor allem
oder sogar ausschließlich über Musik gesprochen haben. Bis
es zu dem Punkt kam, an dem ich die junge Frau gefragt habe,
welche Musiker sie denn in ihrem Leben einmal live erleben
möchte. Sie nannte daraufhin zwei Bands, und ich fragte sie,
ob sie denn wisse, wann diese Bands wieder einmal in Deutsch-

land auf Tour gehen würden. Tatsächlich kannte sie die anstehenden Tour-Daten, und ich habe genau das zum Anlass genommen, um mit ihr Zukunftsoptionen zu eröffnen. Denn so eine Zukunftsoption ist gut für jemanden, der sich eigentlich genau in diesem Moment das Leben nehmen will. Spricht man über solche Zukunftsoptionen – hier also die kommenden Konzerte –, dann befindet sich das Gespräch schnell an Punkten beziehungsweise Themen, die erst im nächsten oder übernächsten Jahr Realität werden. Kommt so etwas in einem Gespräch tatsächlich zur Sprache, dann ist das immer ein gutes Zeichen. Denn letztlich bedeutet es, dass im Denken der Person das nächste oder übernächste Jahr und damit die Zukunft durchaus noch Themen sind. Das Denken endet also nicht in der aktuellen Situation. Ist das der Fall oder wurde das erreicht, dann wurde damit ein großer Schritt getan, der den Menschen wegbringt vom Suizid.

Erinnere ich mich dagegen an Gespräche mit Menschen, die sich dann tatsächlich das Leben genommen haben, dann erinnere ich mich auch daran, dass sich mit diesen Personen keine Optionen eröffnen ließen, und zwar an wirklich keinem Punkt des Gespräches. Diese Personen haben sich in ihren Gedanken vollkommen verschlossen, es gab keinen Weg mehr in die Wahrnehmung dieser Personen hinein, um eine Option irgendwie weiterzuentwickeln. Das Ansprechen auf Themen wie Kinder oder Familie erzielte keine Wirkung, auch der Beruf oder Hobbys brachten keinerlei Fortschritte. Es gab wirklich gar keinen Weg *rein* in die Person, der das Gefühl vermittelte, der Mensch würde weiterdenken, würde über den Moment beziehungsweise den Tag hinaus denken.

Um zu erfahren, was ein Mensch wirklich will ...

- sollte man sich selbst zurücknehmen können.
- sollte man dem Gegenüber eine gewisse Autonomie belassen.
- sollte man mental beim Gegenüber sein: ihn anschauen, eine offene Körperhaltung einnehmen und versuchen zu erfassen, was gerade bei ihm los ist.

Worte töten nicht – Der Umgang mit der Frage der Schuld

Das führt zu einem weiteren Thema. Wie gehen wir damit um, wenn wir etwas unbedingt erreichen wollen und es nicht schaffen? Wie kann ein Polizist oder ein Psychologe damit umgehen, dass er einen Menschen nicht von einem Suizid abhalten konnte? Natürlich kann ich das Thema nicht verallgemeinern, sondern kann wieder nur davon sprechen, wie ich mit derartigen Situationen umgegangen bin. Denn auch ich bin in meiner Laufbahn damit konfrontiert worden, dass wir als Team Menschen nicht von ihren Plänen abhalten konnten und dass diese Menschen ihren Selbsttötungs-Wunsch letztlich umgesetzt haben. In diesen Fällen habe ich zwar die Gespräche mit den jeweiligen Personen nicht persönlich geführt, war aber Teil des Teams.

Interessant ist in diesem Zusammenhang noch einmal der Fall des Mädchens, das sich in die Tiefe stürzen wollte – ein Fall, der sich kurz nachdem ich meine Arbeit bei der Polizei angetreten hatte, zutrug. Ich bin an diesem Tag auf das Dach des Hochhauses geklettert und musste mich über die Brüstung beugen, da das Mädchen rund zwei Meter tiefer auf einem dicken Kabel stand. Als ich mich vorbeugte, war mein Kopf etwa einen Meter von ihrem Gesicht entfernt und ich blickte ihr direkt in die Augen. Meine Gedanken bei diesem allerersten Einsatz waren: »Wenn dieses Mädchen tatsächlich springt, dann kündige ich sofort wieder, dann war es das für mich.«

Das also war mein erster Gedanke. Und daran sieht man auch schon, dass solche Momente mich ebenso wie meine Kollegen durchaus beschäftigen. Verhandle ich dagegen beispielsweise mit einem Geiselnehmer, und dieser bringt dann allem Verhandlungsgeschick zum Trotz eine Geisel um, dann ist das sicher auch schrecklich, aber es handelt sich um eine vollkommen andere Situation. Denn die Tötung hat der Geiselnehmer durchgeführt und er ist voll dafür verantwortlich. Spreche ich aber persönlich mit jemandem, der sich selbst umbringen will, und diese Person tut es dann wirklich, dann führt das dazu, dass ich mich frage, was ich in dem Gespräch denn falsch gemacht habe. Obwohl genau das irrsinnig ist.

Denn inzwischen habe ich eine Tatsache verinnerlicht: Wenn sich ein Mensch in einer solchen Situation umbringt, dann wird dieser Suizid nicht ausgelöst durch ein Wort, das ich gesagt habe. Ein Suizid ist viel zu komplex, als dass ein einziges Wort die finale Entscheidung herbeigeführt haben könnte. Meiner Meinung nach kann man in einer solchen Gesprächssituation Dinge tun, um die Selbsttötung zu verhindern – jedenfalls wenn bestimmte Voraussetzungen gegeben und das Wahrnehmungs-System noch nicht vollkommen geschlossen ist. Auf der anderen Seite aber bin ich überzeugt davon, dass nicht einzelne Äußerungen während eines Gesprächs mit einem suizidalen Menschen der Grund für die tatsächliche Selbsttötung sind.

Trotzdem sitzt der Schreck tief, wenn so etwas dann wirklich geschieht. Auch ich habe erst einmal gesucht und überlegt, was wir als Team getan haben könnten, dass es zu einem solchen Ende gekommen ist. Ob unsere Worte womöglich ein Auslöser gewesen sein könnten, dass sich ein Mensch umgebracht hat.

Doch derartige Gedanken müssen wirklich bis zum Ende gedacht werden, damit man mit dem Fall sauber abschließen und ihn verarbeiten kann. Wäre das bei mir nicht der Fall gewesen, hätte die Gefahr bestanden, dass ich nie wieder in einen weiteren Einsatz dieser Art gegangen wäre. Und selbst wenn ich weiter in solche Einsätze gegangen wäre, hätte ich mir ständig gesagt, dass so etwas hoffentlich nicht wieder geschehen werde. Oder ich hätte mir gesagt, ich dürfe dieses Mal nicht wieder einen Fehler begehen, der zu einem solchen tragischen Ende führt.

Im Endeffekt müssen wir uns darüber klar werden, dass sich ein Mensch aus einer Eigenmotivation heraus umbringt und dass er es nicht tut, weil wir ein womöglich unpassendes Wort gesagt haben. Der Suizident bringt sich also trotz des Gesprächspartners um, nicht aber wegen des Gesprächspartners oder dessen Aussagen. Das ist meine persönliche Meinung dazu, und ich habe mich mit dem Themenkomplex wirklich sehr intensiv auseinandergesetzt, weil es solche Fälle in der Vergangenheit eben gab. Bei diesen Auseinandersetzungen ging es wie gesagt auch um meine eigenen Gefühle, und nicht zuletzt um die Frage einer Schuld am Geschehenen.

Was ebenfalls noch zu sagen ist: Man muss sich immer auch bewusst machen, in welchem Zustand sich ein Mensch befindet, der Suizid begehen will. Denn Suizidalität ist gekennzeichnet von einer hohen Ambivalenz. Diese Menschen sagen sich nicht, dass sie sterben und für immer tot sein wollen. Die Ambivalenz ist vielmehr dadurch gekennzeichnet, dass der Suizident so nicht mehr weiterleben will. Es geht also nicht darum, dass der Mensch sterben will, sondern darum, dass er vor dem Hintergrund seiner aktuellen Lebenssituation nicht weiterleben will – genau das ist die große Ambivalenz.

Nur weil es diese Ambivalenz gibt, besteht überhaupt die Chance zu einer Intervention. Nur deswegen können wir uns überlegen, ob wir nicht vielleicht eine Option entwickeln können, um den Menschen von seinem Plan abzubringen. Bei den meisten funktioniert das, aber es gibt eben auch manche, bei denen diese Option nicht mehr besteht.

Das ist ein Fakt, und auch damit sollte man sich intensiv auseinandersetzen, bevor man solche Einsätze übernimmt. Man sollte sich bewusst machen, dass es durchaus vorkommen kann, dass sich jemand während der Intervention und damit auch während eines persönlichen Gespräches dann doch umbringt. Glücklicherweise musste ich während meiner Zeit bei der Polizei nur sehr wenige Fälle erleben, die ein solch fatales Ende nahmen.

Ich erinnere mich in diesem Zusammenhang vor allem an zwei Fälle. Bei dem einen war ich zunächst gar nicht persönlich involviert, sondern habe mich um die Nachbetreuung der beteiligten Kollegen gekümmert, die einen Mann nicht davon abhalten konnten, sich von einem Felsen zu stürzen.

In einem weiteren Fall dagegen war ich persönlich involviert. Hier haben wir mit einer Person telefonisch kommuniziert, die Suizid begehen wollte. Ich habe also gehört, was diese Person gesagt hat, und schließlich auch, dass die Person sich nach vielen Stunden der Gespräche erschoss.

Das ist insgesamt aber wie erwähnt ein seltenes Ereignis. Es ist vor allem auch ein seltenes Ereignis, dass sich ein suizidaler Mensch zunächst auf die Kommunikation einlässt, sich dann jedoch trotzdem umbringt. Aber natürlich sind mir diese wenigen Fälle im Gedächtnis geblieben.

Stimme, Gesicht, Verhalten – Ebenen der Kommunikation

Es macht einen erheblichen Unterschied, ob wir uns mit einer Person am Telefon auseinandersetzen oder uns von Angesicht zu Angesicht mit ihr unterhalten. Denn am Telefon erleben wir nur eine Facette der anderen Person – und zwar die Stimme, neben dem Inhalt natürlich. Erleben wir das Gegenüber jedoch von Angesicht zu Angesicht, dann nehmen wir die gesamte Person wahr: Da gibt es dann neben der Stimme noch die nonverbale Kommunikation, zudem können wir uns im Wortsinne ein Bild vom Aussehen des anderen Menschen machen. Was wiederum nicht unerheblich ist, da wir als Menschen Sympathie oder Antipathie relativ schnell am Äußeren eines Menschen festmachen.

Bei einem persönlichen Kontakt kommt noch hinzu, dass wir als Menschen besser bewerten können, wenn wir die Worte des anderen hören und diese gleichzeitig durch die nonverbale Kommunikation ergänzt werden. Das hilft enorm dabei, die Äußerungen und auch das Verhalten des anderen besser einzuschätzen. Zum Beispiel wenn es um die Frage geht, wie authentisch denn das Gesagte überhaupt ist und wie es hinter der Fassade tatsächlich aussieht.

Am Telefon hingegen haben wir, wie gesagt, nur die Stimme als Anhaltspunkt, und das erschwert die Einschätzung einer Gesamtsituation.

Handelt es sich bei meinen Einsätzen um einen Telefonkontakt, dann lege ich persönlich Wert darauf, dass ich möglichst auch ein Foto der Person erhalte, mit der ich das schwierige Gespräch führen soll. Es tut zwar grundsätzlich wenig zur Sache, wie ein Mensch aussieht. Ich jedoch empfinde so ein Bild als hilfreich, da es mich beim Aufbau des Kontakts unterstützt und ich dann zumindest weiß, wie der andere überhaupt aussieht. Aber das ist meine ganz subjektive Herangehensweise an solche Situationen – möglicherweise hat ein Bild bei anderen gar keinen Einfluss auf den Aufbau der Kommunikation.

Ich führe auch gerne Beratungsgespräche in Form von Videotelefonie durch – auch, weil ich es einfach gerne mag, wenn ich mein Gegenüber sehen und betrachten kann. Hinzu kommt, dass ich es gut finde, wenn mein Gegenüber mich sieht. Meiner Meinung nach lässt sich auf diese Weise eine bessere Beziehungsstruktur aufbauen, denn hier kann sich das im menschlichen Miteinander entfalten, was neben der menschlichen Stimme mitschwingt – das Nonverbale, das unter anderem unsere Gestik und Mimik umfasst. Wenn wir die Mimik zur Stimme sehen können, fällt es viel leichter zu entscheiden, ob jemand wirklich echt ist, also authentisch in dem, was er sagt. Spricht mein Gegenüber zum Beispiel über eine sehr emotionale Passage, möchte ich gerne sehen, ob ich genau diese Emotion auch in seinem Gesicht wiederfinden kann. Passt der Inhalt des Gesagten zum mimischen Ausdruck? Der Mensch ist ausgestattet mit einem Hirnareal namens Neokortex. Dieser Teil unseres Gehirns befähigt uns zu abstraktem Denken, zum Schlussfolgern und zu vielem mehr. Unter anderem sind wir dank dieses Neokortexes in der Lage, uns Geschichten auszudenken, die gar keine reale Erlebnisgrundlage haben, sondern die einfach nur in unserer »Fantasie« existent sind. Wir sind darüber hinaus sogar in der Lage (manche Menschen sehr gut und andere weniger gut), diese ausgedachten Dinge zu erzählen. Wir wissen, welche Worte wir wählen sollten, um die Dramatik zu steigern, oder an welcher Stelle eine kurze Pause sinnvoll wäre. Verbal können wir also gut Geschichten erzählen. Unsere Emotionen, unsere Mimik und auch unsere Körpersprache sind nicht so einfach zu verstellen. Es gibt immer kurze Momente der Unwillkürlichkeit, in denen das »Echte« durchkommt. Eine Emotion, die für wenige Millisekunden im Gesicht auftaucht, bevor sie aktiv maskiert wird, also mit einer anderen Emotion überdeckt wird. Oder eine Spannung im Körper, die gerade nicht zu dem Gesagten passt. Wenn ich also die Chance habe, alle Ebenen der Kommunikation zu sehen, eröffnet sich mir eine Vielfalt von zu entdeckenden Möglichkeiten. Fühlt sich mein Gegenüber wohl, dann kann ich das zum einen aus dem Inhalt des Gesagten schließen, ich kann es aber auch sehen und hören. Wohlfühlen hat etwas mit entspannen zu tun. Entspannt sich mein Gegenüber, lässt die Muskelanspannung nach. So auch im Hals und im Nacken. Durch eine entspannte Halsmuskulatur wird die Spannung vom Stimmapparat genommen, der im Hals sitzt. Die Stimmlippen und Stimmbänder klingen tiefer und geschmeidiger, wenn sie entspannt sind. Auch die Gesichtsmuskulatur entkrampft und wird dadurch weicher. Schließlich fallen auch die Schultern etwas herab, die Hände sind offen und der Blick schweift möglicherweise etwas umher. Ganz anders sieht es aus, wenn ein Gegenüber in einen Ärgerzustand kommt. Die Sätze werden kürzer und weniger komplex. Er wechselt womöglich vom Ich und Du ins Du, er gibt also Schuld und Verantwortung dem anderen. Auch die Stimme verändert sich, sie wird möglicherweise etwas höher und kratziger. Dies erklärt sich wiederum über die zunehmende Spannung, die sich über die Halsmuskulatur aufbaut. Auch auf nonverbaler Ebene passiert so einiges. Die Gestik wird raumgreifender, der Blick fixierender, die Schultern werden hochgezogen und die Mimik verändert sich durch die Anspannung der Mundmuskulatur und das Zusammenziehen der Augenbrauen. – Diese ganzen Informationen habe ich nur, wenn ich mein Gegenüber auch sehen kann.

Andererseits können wir auch in einem Telefongespräch Einfluss auf die Kommunikation nehmen. Wir können entweder stumm zuhören, was der andere zu berichten hat, oder wir können das Gesagte etwa mit einem kurz eingeworfenen *ach ja* beziehungsweise *aha* und *mmmbh* unterstützen. Ich würde sehr viel darauf wetten, dass wir wesentlich mehr an Informationen bekommen, wenn wir nicht nur

schweigend zuhören, sondern die Kommunikation mit besagten oder anderen kurz geäußerten Reaktionen unterstützen.

Viele Menschen haben solche Situationen schon selbst erlebt, und die meisten werden bestätigen können, dass ein
vollkommen schweigender – also auch nonverbal und mi-
misch schweigender – Gesprächspartner auch ein sehr un-
dankbarer Gesprächspartner ist. Das wird nicht zuletzt dann
deutlich, wenn wir selbst am Telefon aufhören zu reden und
dann von der anderen Seite schier gar nichts mehr kommt.
Auch hier gilt wieder: Wir haben in der Kommunikation Gestaltungsmöglichkeiten.

Kehren wir an diesem Punkt erneut zurück zum Fall Heinz S.,
der sich auf das Dach einer Justizvollzugsanstalt geflüchtet
hatte. Über inhaltliche Argumentationen oder über Sach-
themen war kein Weg hinein in die Persönlichkeit des Heinz S.
zu finden. Das funktionierte überhaupt nicht – Heinz S. war in
diesem Zusammenhang sehr ausdauernd und beharrlich. Er
blieb über Stunden auf dem Dach stehen und hat dabei sicherlich auch die Aufmerksamkeit genossen, die ihm so zuteilwur-
de. Damals gab es Nachrichtensender, die 24 Stunden lang bei-
nahe keine anderen Bilder übertrugen als die von dem auf
dem Dach stehenden Heinz S.: ihn und die beiden Verhandler,
die allerdings nur von hinten zu erkennen waren. Mehr wurde
nicht gezeigt von den Vorgängen, weil man eben auch nicht
mehr wusste. Heinz S. hat sich nicht aus rein sachlichen Be-
weggründen auf das Dach gestellt und dort Stunden verharrt.
Vielmehr war seine Flucht auf das Dach vor allem emotional
motiviert. Und über diese emotionale Schiene, genauer die Be-

ziehungsebene, konnte er schließlich dazu gebracht werden, das Dach der Anstalt wieder zu verlassen.

Neben der reinen Informationsebene, transportiert über die Worte, die wir nutzen, wird in einer Kommunikation auch immer die Beziehung der beteiligten Personen definiert. Mit »Beziehung« in diesem Kontext ist gemeint, wie die Personen zueinander stehen. Aspekte von Sympathie/Antipathie, Wertschätzung, Hierarchie und Selbstwert sind hier die wesentlichen Elemente. Diese Elemente werden nicht offen angesprochen, sondern sie ergeben sich aus der Art des Miteinander-Kommunizierens, aus dem Tonfall, dem Kontext der emotionalen Färbung des Gesagten und aus den Subtexten. Also welche Erwartungshaltungen gibt es und was bedeutet diese Kommunikation für das Selbstbild und damit den Selbstwert der Beteiligten? Die Beziehungsebene ist die wichtigste Ebene in der Kommunikation. Sie bestimmt, ob man zum Ziel kommt, ob es »läuft« und ob die Beteiligten sich wohlfühlen.

Als eine Kollegin auf besagter Beziehungsebene einen Weg zur Person des Heinz S. gefunden hatte, dauerte es nicht mehr sehr lange, bis dieser sich bereit erklärte, das Dach der Anstalt zu verlassen. Und zwar in einer Form, bei der er auch sein Gesicht wahrte.

Hinzu kam, dass zu diesem Zeit bereits die Dunkelheit angebrochen war. Was ebenfalls etwas mit der Wahrung des Gesichts zu tun hat, denn es ist immer etwas anderes, ob jemand wie Heinz S. im Hellen und somit vor aller Augen aufgibt oder ob er das erst in der Dunkelheit tut, wenn die Szenerie deutlich schwerer zu erkennen ist.

Dass eine Kollegin den Zugang auf der emotionalen Ebene gefunden hat, hatte als Basis, dass man bei solchen Gesprächen das Gegenüber als Person wertschätzen sollte, gleichsam aber ablehnen kann, was diese Person getan hat.

Letztlich hat die Kombination dieser beiden Einzelfaktoren dazu geführt, dass Heinz S. nicht vom Dach gesprungen ist, sondern aufgegeben hat. Danach ist im Grunde nichts Dramatisches mehr geschehen. Die Flucht auf das Dach hatte für Heinz S. selbst keine schwerwiegenden Folgen – etwa in Bezug auf seine Haftzeit –, einfach auch aus dem Grund, weil er während seiner Flucht niemanden außer sich selbst bedroht hatte. Alles in allem ging damit recht unspektakulär zu Ende, was zuvor die Polizei und auch die Medien in Atem gehalten hatte – und zwar nicht nur über ein paar Stunden. Der Einsatz begann am Vormittag des ersten Tages und endete erst in der Nacht des Folgetages.

Was bei einem Fall beziehungsweise einer Person wie Heinz S. wichtig war zu klären, das war die Frage, wen man mit einem solchen Menschen in Verhandlung treten lässt. Besser einen Mann oder eine Frau? Schließlich handelte es sich bei ihm um einen Sexualstraftäter, der vor allem junge Mädchen missbraucht hatte. Die Frage, ob Mann oder Frau musste zunächst einmal auf unserer Seite geklärt werden, also auf der Seite der Verhandler. Hier war zu eruieren, wer etwa als Frau auch wirklich in der Lage war, die Tat des Heinz S. vom tatsächlichen Verhandlungsgeschehen abzuspalten. Es galt also die Frage zu klären, wer die professionelle Distanz würde wahren können. Eine zweite Frage war, wie das Gegenüber auf einen männlichen oder gerade in diesem Fall einen weiblichen Verhandlungspartner reagieren würde. Dazu sollte gesagt werden, dass es nicht so ist, dass Personen wie Heinz S. generell Frauen, oder in seinem Fall besser Mädchen, abwerten und überhaupt nicht mit ihnen verhandeln würden. Im Gegenteil. Die Chance ist gar nicht so schlecht, dass man gerade über eine weibliche Verhandlerin an eine solche Person herankommt. Eine weitere Frage, die zu stellen war, lautet allerdings: Wollen wir das überhaupt?

Würden wir auf der anderen Seite einen männlichen und damit aus der Sicht von Heinz S. gleichwertigen Charakter in die Verhandlungen einführen, dann könnte das auch zu einer Konkurrenzsituation führen, in der sich ein Heinz S. zu einem gewissen Verhalten genötigt sehen könnte. Letztlich kommt es immer darauf an, mit welcher Person wir es wirklich zu tun bekommen, und in dem Zusammenhang ist dann eben auch zu klären, ob es sich bei besagter Person vielleicht um einen Wettbewerbs-Typen handelt. Ist das der Fall, dann muss einem klar sein, dass sich die Situation eventuell nicht mehr so gut kontrollieren lässt, wenn man auf der anderen Seite jemanden hinstellt, der diesen Wettbewerb anstacheln könnte. Doch dies wiederum könnte auch eine Möglichkeit darstellen, überhaupt einen Weg hinein in die Psyche des Gegenübers zu finden und so das Gegenüber letztlich zu *kriegen*.

Im Fall von Heinz S. fällt es mir rückblickend schwer zu entscheiden, ob es wirklich am Geschlecht gelegen hat, dass alles glimpflich ausgegangen ist. Vermutlich hat es vor allem an der Fähigkeit der Kollegin gelegen, besagte Beziehungsstruktur aufzubauen. Und das wiederum hängt mit den Menschen an sich zusammen, die miteinander kommunizieren.

Das Geschlecht kann natürlich ebenfalls eine Rolle gespielt haben, muss es aber nicht.

Dass nach einem Mann eine Frau eingesetzt wird – natürlich auch umgekehrt –, das ist kein Zufall. Man probiert nach langen erfolglosen Verhandlungen mit einem anderen Gesprächspartner zeitweise noch einmal eine andere Herangehensweise beziehungsweise es versucht eben ein Gesprächspartner des anderen Geschlechts.

Ich denke allerdings, dass das Geschlecht bei der Wahl der Gesprächspartner keine vorrangige Rolle spielen sollte. Es sollte vielmehr immer die Person eingesetzt werden, die auf der Basis ihrer Fähigkeiten am besten geeignet ist.

- Zur Kommunikation gehört nicht nur der Inhalt des Gesagten: Auch das Nonverbale, unter anderem Gestik und Mimik, lässt Schlussfolgerungen zu.
- Selbst die Kommunikation bei Telefongesprächen kann man beeinflussen, indem man nicht nur stumm zuhört, sondern durch kurze Laute wie *ja, mhh, aha* den Gesprächsfluss unterstützt.

Teil 2: Die Gestaltung einer Situation

Es gibt Aufgaben, die die meisten sehr sehr ungern übernehmen. Dazu gehört nicht zuletzt das Überbringen von Todesnachrichten an Hinterbliebene.

Hier wieder ein Fall aus meinem Berufsalltag: Eines Tages bekam ich den Auftrag, zwei Geschwisterkindern eine Todesnachricht zu überbringen. Die ältere Schwester der beiden Kinder war schon einige Tage lang vermisst, nun musste ich den beiden sagen, dass sie tot aufgefunden worden war. Die Mutter der Kinder hatte die Todesnachricht kurz zuvor auf der Polizeiwache erhalten, nun sollten die Kinder informiert werden. Bei den beiden Geschwistern handelte es sich um einen siebenjährigen Jungen und ein elfjähriges Mädchen. Die getötete Schwester war neun Jahre alt geworden.

Nachdem die Mutter die schreckliche Nachricht vom Revierleiter erhalten hatte, kam ich hinzu und habe mich zuerst um die Mutter gekümmert. Ich habe mit ihr geredet, ich habe natürlich versucht, sie zu stützen und zu stabilisieren. Die größte Sorge der Mutter bestand in dem Moment darin, dass sie die Nachricht ihren anderen Kindern sagen musste. Diese hielten sich ebenfalls auf dem Polizeirevier auf, allerdings nicht im selben Raum wie die Mutter. Die Mutter musste ihnen die Nachricht überbringen, das wusste sie, aber sie konnte das einfach nicht.

Das war der Ausgangspunkt, als ich zu den Kindern ging.

Hier möchte ich gleich an einem wichtigen Punkt ansetzen, der beim Überbringen schlechter Nachrichten und in dem Fall von Todesnachrichten besonders wichtig ist: dass man nämlich in dem, was man sagt, so klar wie möglich ist. Sonst kann es durchaus vorkommen, dass das Gegenüber aus der Nachricht etwas heraushört, was man überhaupt nicht gesagt beziehungsweise gemeint hat – einfach als eine Art Hoffnungsschimmer.

Würde ich beispielweise zu einer Person sagen, dass ein Angehöriger *eingeschlafen sei*, dann kann es gut sein, dass diese Person aus dem Satz nicht heraushört: Der Angehörige ist gestorben. Weil nämlich die Aussage durch ein Wunschdenken in der Form gefiltert wird, dass jemand, der einfach nur eingeschlafen ist, irgendwann ja auch wieder aufwachen wird. Die Formulierung, dass ein Mensch *von uns gegangen* sei, ist ähnlich unglücklich gewählt. Denn wer weggegangen ist, der kann theoretisch jederzeit wieder zurückkehren. Es gibt noch viele ähnlich missverständliche Formulierungen, die im Rahmen einer zu überbringenden Todesnachricht die notwendige Klarheit vermissen lassen. Etwa wenn wir sagen, es sei etwas Schlimmes passiert, und die Person hätte *es nicht geschafft*. Mit solchen Formulierungen sagen wir sehr viel, aber wir scheuen uns gleichsam, die letzte unumstößliche Tatsache wirklich auch unmissverständlich auszusprechen: Ihr Ehemann oder Kind oder Vater ist tot. Unsere Scheu wiederum führt häufig dazu, dass das Gegenüber nicht wirklich wahrnimmt, was wir eigentlich sagen wollen. Es nimmt vielmehr wahr, was es gerne hören möchte.

Das ist bei Erwachsenen so, und bei Kindern erst recht. Genau deswegen ist es bei Kindern noch einmal wichtiger, eine Eindeutigkeit und Klarheit in die zu überbringende Nachricht zu bringen. Was natürlich einen Vabanque-Akt darstellt: Die Nachricht muss so klar wie irgend möglich formuliert sein, gleichzeitig muss sie so ausgedrückt werden, dass sie kein Trauma auslöst. Der Inhalt der Nachricht ist schon schlimm genug, da sollte also die Formulierung gut überlegt sein.

Vor dem Überbringen einer solchen Todesnachricht ist dann auch noch zu klären, ob man das selbst machen möchte und ob man das auch machen kann. Es bedarf keiner weiteren Erläuterungen, dass das Überbingen einer Todesnachricht an Kinder keine einfache Aufgabe darstellt.

Ist die Entscheidung dann gefallen, gilt es, die nächste große Frage zu klären. Nämlich die Frage, wie die Kommunikation am besten zu steuern ist, damit wirklich genau das beim Empfänger ankommt, was ankommen soll. Das hat als Voraussetzung, dass wir als Menschen und auch als Kommunikatoren über Gestaltungsmöglichkeiten verfügen, die es ermöglichen, das gesetzte Ziel zu erreichen.

In besagtem Fall habe ich versucht, diese Möglichkeiten zu nutzen – derart, dass ich mich in die Sprachwelt der Kinder eingefühlt habe, erst einmal geredet und abgewartet habe, was von den Kindern an Reaktion kommt, und dann ummissverständliche klare Worte gewählt habe. Zunächst einmal habe ich mich mit den Kindern zusammengesetzt und ein wenig über Allgemeines gesprochen. Allerdings musste ich auch dabei die Waage halten. Ich konnte nicht zu viel über Gott und die Welt sprechen und dann quasi mit der Tür ins Haus fallen, indem ich fast schon beiläufig sage: *Übrigens, eure Schwester lebt nicht mehr.*

Ich habe vielmehr mit den Kindern kurz über die Polizei gesprochen und darüber, was sie auf der Polizeistation zu essen und zu trinken bekommen hätten. Daneben aber sprach ich auch davon, dass es sich um eine außergewöhnliche Situation handelte. Ich sprach den Kindern aus der Seele, denn besonders Kinder nehmen eine besondere Situation wahr und spüren, dass etwas anders ist als sonst.

Das elfjährige Mädchen, die Schwester der Toten, hat mir dann unbewusst eine Brücke gebaut, indem sie berichtete, dass ihre Mutter ja derzeit immer so traurig sei. Dann fragte sie, was denn nun eigentlich mit ihrer Schwester sei? Für mich war das der Punkt, um tiefer in die Kommunikation mit den beiden Geschwistern einzusteigen. Dabei bezog ich mich auf die Frage des Mädchens, *was denn nun mit der vermissten Schwester sei*, und blieb in meiner Wortwahl sehr klar. Ich sagte den beiden, dass wir genau aus diesem Grunde hier sitzen würden. Ich wäre nämlich gekommen, um den beiden etwas zu sagen. Sie wüssten ja, dass die Schwester inzwischen seit einigen Tagen verschwunden sei. Nun hätte man sie gefunden. Die Schwester, ich sagte natürlich den Namen des armen Mädchens, sei tot. Genau so habe ich es gesagt, und ich habe dabei auch darauf geachtet, ob die Aussage wirklich so ankommt, wie sie ankommen soll. Der jüngere Bruder hat daraufhin gefragt, ob seine vermisste Schwester nie wiederkommen würde. Worauf ich ehrlich antwortete, dass das Kind tatsächlich nie, nie wiederkommen werde – weil sie tot sei.

Auch Kinder in diesem Alter haben eine Idee im Kopf zum Thema »tot sein«. Sie haben ein persönliches Konzept dazu. Mir war es wichtig, genau dieses Konzept zu treffen. Es ging nicht um mein Konzept zum Thema Tod oder um das allgemeingültige Konzept dazu. Es war mir egal, ob das Konzept der Kinder tatsächlich dem gängigen Wissen zum Tod entsprach. Das einzig Wichtige war, dass meine Worte ihr Konzept zu diesem Thema trafen.

Dies war eine Situation, in der ich die Kommunikation gestaltet habe. Es ging um die Gestaltung einer Situation im Hinblick auf das exakte Verstehen meiner Worte. Sie sollten so verstanden werden, wie ich sie gesagt habe und nicht anders. Ich kann in so einem Fall sehr viel erzählen, ich kann auch versuchen, um die Fakten herum eine Geschichte aufzubauen. Nur kann ich dann im Anschluss nur hoffen, dass die Kinder den richtigen Schluss daraus ziehen, und richtig interpretieren, dass ihre Schwester tot ist.

Ich kann die Kommunikation aber eben auch in der Form formulieren und gestalten, dass es keine andere Interpretationsmöglichkeit mehr gibt. Außer eben der Wahrheit, dass die Schwester tot ist und auch nie wiederkommen wird. In diesem Fall gestalte ich die Situation und damit auch die Kommunikation so, dass der Inhalt exakt so ankommt, wie ich möchte, dass er ankommt.

Falls Sie sich oft falsch oder missverstanden fühlen im Leben, überprüfen Sie doch einmal, ob dieses Missverständnis schon auf der Begriffsebene verwurzelt ist. Ob Sie also möglicherweise Begriffe – also Worte – verwenden und damit bestimmte Dinge verbinden und ihr Gegenüber aber ganz andere?

Beim Überbringen von Nachrichten ...

- sollte man sich erst einmal selbst fragen, ob man wirklich imstande ist, diese Nachricht zu überbringen.
- sollte man klare Worte benutzen, die der andere nicht missverstehen kann.
- sollte man das Gespräch so steuern, dass das beim Empfänger ankommt, was ankommen soll.

Identische Begriffe, unterschiedliche Bilder

Wir Menschen denken allesamt in Assoziationsketten. Wenn ich an dieser Stelle davon berichten würde, dass ich mich auf meinen nächsten Urlaub freue, dann hat jeder Leser dabei ganz eigene und auch deutlich unterschiedliche Bilder im Kopf. Der eine denkt womöglich an die Karibikinsel, Palmen und Sandstrand, eine andere Person denkt vielleicht an die Berge, weil sie sich einen Wanderurlaub in eben jenen Bergen wünscht.

Anhand dieses simplen Beispiels will ich die Tatsache verdeutlichen, dass wir alle identische Begriffe nutzen, damit aber durchaus unterschiedliche Inhalte verbinden. Etwa wenn ich zu jemandem sage, dass ich seine Sache bearbeiten werde, und mich dann bei ihm melde, sobald ich zu einer Entscheidung gekommen bin – das alles werde auch nicht sehr lange dauern. Diese Aussage könnte für mich vielleicht bedeuten, dass ich von einer Frist von zwei bis drei Monaten spreche. Mein Gegenüber aber könnte mit *nicht so lange dauern* auch einen Zeitraum von nur zwei bis drei Tagen verbinden. Hier lesen zwei Personen aus den gleichen Worten unterschiedliche Zeiträume – nämlich der Formulierung, *dass es nicht lange dauern werde.*

Lassen wir diese Formulierung auf dieser oberflächlichen Wort-Ebene stehen, dann reden wir letztlich von vollkommen unterschiedlichen Dingen, obwohl wir uns der identischen Sprache bedienen. Was wieder dahin zurückführt, dass Menschen in Assoziationen und in Assoziationsketten denken. Nur sind diese Assoziationen eben sehr individuell und jeder Mensch hat andere Assoziationen beziehungsweise Bilder zu bestimmten Begriffen.

Sprechen auf dieser reinen Begriffsebene zwei Personen, dann kann es vorkommen, dass beide Gesprächspartner vollkommen andere Vorstellungen im Kopf haben, wenn die gleichen Worte benutzt werden. Möchten wir aber, dass unser Gegenüber exakt das versteht, was wir sagen wollen, dann müssen wir uns Gedanken darüber machen, wie wir unsere Aussagen formulieren.

Das ist beim Überbringen einer Todesnachricht natürlich sehr dramatisch, gleichsam ist diese Situation ein gutes Beispiel. Denn ein Tod ist ein Tod, und tot ist tot – dazu gibt es keine irreführenden Assoziationen. Allerdings muss man sagen, dass Kinder den Begriff Tod möglicherweise noch etwas anders einstufen, als es bei Erwachsenen der Fall ist. Der Begriff Tod hat sicher für einen Siebenjährigen noch nicht die Dimension, die sie für einen Erwachsenen hat. Trotzdem hat die Frage des Jungen, ob die Schwester wirklich nie, nie wiederkäme, gezeigt, dass er durchaus in die richtige Richtung gedacht hat.

Nun kann man sich natürlich auch fragen, ob ein Kind mit dem Begriff *nie* das Gleiche verbindet, das wir als Erwachsene damit verbinden – nämlich wirklich auch eine Unendlichkeit. Und natürlich hängt das Verständnis auch damit zusammen, wie dem Kind zuvor der Begriff Tod vermittelt wurde. So etwas kann auch ich nicht wissen, wenn ich mit einer solchen Situation konfrontiert werde. Es kann tatsächlich der Fall sein, dass ein Kind bei dem Begriff Tod ein Konzept im Kopf hat, dass nach dem Tod alle Verstorbenen auf einer Blumenwiese auf einer Wolke im Himmel sitzen. Das kann ich nicht wissen, und das werde ich in einem derartigen Fall auch nie vorab wissen. Das wirklich Wichtige aber ist, das individuelle Konzept zu diesem Thema beim Kind angesprochen zu haben. Und eben nicht das Konzept vom langen Schlaf oder »Weggehen« – Sie erinnern sich vielleicht an das Bild vom Wiederkommen.

Letztlich geht es immer darum, dass ich mich fragen muss, welche Begriffe ich nutzen kann, damit beim anderen genau das ankommt, von dem ich möchte, dass es ankommt. Gerade bei einer Todesnachricht ist es sehr wichtig, dass diese Begrifflichkeiten wirklich passen und die Gesprächspartner nicht von unterschiedlichen Dingen reden. In besagtem Beispielfall wäre es fatal gewesen, hätten die Kinder im Anschluss geglaubt, die vermisste Schwester würde in den kommenden Wochen zurückkehren.

Doch auch in vielen anderen und weit weniger dramatischen Situationen ist es einfach wichtig, dass bei unserem Gegenüber genau das ankommt, was wir ausdrücken und vermitteln wollen. Das gilt im beruflichen ebenso wie im privaten Kontext. Und immer wieder müssen wir uns bewusst machen, dass wir dabei einen wirklich großen Gestaltungsspielraum haben. Wir müssen ihn nur füllen und nutzen.

Noch einmal zurück zum Beispiel Todesnachricht. Wenn ich sage, dass wir gestalten können, dann bedeutet das auch, dass es in manchen Fällen nicht der volle Umfang an Informationen sein muss, den wir vermitteln – manchmal auch aus Rücksicht. So wusste die Mutter des toten Kindes inzwischen, dass ihre Tochter nicht einfach in einen See gefallen war, sondern dass das Kind missbraucht und dann getötet worden war. Genau das allerdings habe ich den Geschwistern nicht erzählt, weil es zu diesem frühen Zeitpunkt die beiden sicher überfordert hätte. Die Umstände des Todes wurden ihnen zu einem späteren Zeitpunkt vermittelt.

Tatsächlich aber haben die Kinder schon am Tag der überbrachten Todesnachricht gefragt, warum ihre Schwester denn tot sei und nie mehr wiederkommen werde. Ich habe dann zwar von einem bösen Menschen gesprochen, der dafür verantwortlich war. Aber die genauen Umstände haben sie an diesem Tag noch nicht erfahren.

Natürlich sind Menschen in einer solchen Situation auch neugierig. Das ist nicht nur bei Kindern so, sondern ebenso bei Erwachsenen. Als Überbringer einer Todesnachricht muss ich daher immer sehr viele Informationen im Hinterkopf haben. Denn Fragen werden kommen. Diese Fragen lauten in aller Regel: Wie ist das passiert? Wann ist das passiert? Wo ist mein Angehöriger? Kann ich meinen Angehörigen jetzt noch einmal sehen? All das sind Fragen, die kommen werden. Für den Überbringer gibt es dann nichts Schlimmeres, als ahnungslos vor den Hinterbliebenen zu stehen und ihnen sagen zu müssen, dass er nicht viel mehr weiß, als dass die Person gestorben sei.

Oftmals ist es so, dass die Polizei das Überbringen einer Todesnachricht gemeinsam mit einem Seelsorger beziehungsweise Notfallseelsorger übernimmt. Der wiederum bleibt danach in der Regel noch einige Stunden bei der Familie und unterstützt sie.

Ich persönlich habe diese Aufgabe nur in besonderen Fällen übernommen. Dazu gehörten die schon mehrfach erwähnten Kinder, es gab aber zum Beispiel auch einmal einen Hubschrauberabsturz, bei dem Polizeikollegen zu Tode kamen, und einige weitere Fälle, in denen ich diese Aufgabe übernahm.

Generell ist es bei uns Polizeipsychologen so, dass das reine Überbringen der Nachricht nur einen Teil der Aufgaben darstellt. Ebenfalls in das Aufgabenfeld gehört eine erste Stabilisierung, außerdem wurde in den besonderen Fällen, an denen ich beteiligt war, auch noch für eine Nachbetreuung gesorgt. Wir sind also erst wieder gegangen, wenn eine Nachbetreuung etwa in Form von Kriseninterventionsteams vor Ort war. Manchmal ging es bei einem hohen Medieninteresse an einem Fall auch darum, dass eine Familie an einen sicheren Ort gebracht wurde, wo dann wiederum das Kriseninterventionsteam zum Einsatz kam. Erst danach haben wir uns aus der Situation herausgelöst.

Wir alle denken in Assoziationen und in Assoziationsketten. Nur sind diese Assoziationen sehr individuell, und jeder Mensch hat andere Assoziationen beziehungsweise Bilder zu bestimmten Begriffen: Hören zwei Menschen die gleichen Begriffe, verbinden sie möglicherweise unterschiedliche Inhalte damit.

Wenn Verdrängung Fakten ignoriert

In diesem Zusammenhang möchte ich noch einen Fall von einer Überbringung einer unangenehmen Nachricht beschreiben. Hier musste ich einer Frau die Mitteilung machen, dass ihr Lebensgefährte ein lange gesuchter Kinderschänder sei, der Mann hatte mehrere Mädchen entführt und missbraucht.

Es gab in diesem Fall eine große Fahndung über einen sehr langen Zeitraum, bis man sich entschloss, einen DNA-Test an Männern eines bestimmten Alters in einem bestimmten Stadtteil durchzuführen. Dieser Test führte dann tatsächlich zu einem Treffer – denn auch der Täter hatte seine DNA abgegeben. Also wurde ermittelt, wo er wohnt und wie seine Lebensverhältnisse sind. Es hat sich ergeben, dass der mutmaßliche Täter sowohl eine Ehefrau als auch ein gemeinsames Kind mit ihr hatte.

Auf unserer Seite bestand damals die Befürchtung, dass irgendetwas Dramatisches geschehen könnte, wenn die Frau die Nachricht bekommt und die Wahrheit über ihren Ehemann und Vater ihres Kindes erfährt. Aus diesem Grund war ich bei der Übermittlung der Nachricht anwesend.

Wir waren in dieser Situation wieder sehr deutlich in unserer Sprache, da uns klar war, dass ein Verstehen der Fakten für die Frau schwierig sein würde, wenn sie nicht mit den Tathintergründen vertraut war. Wir teilten der Frau so klar wie möglich mit, dass es sich bei ihrem Ehemann um den seit Monaten mit Hochdruck von der Polizei gesuchten Mann handelte.

Der Effekt allerdings war nicht der gewünschte: Die Frau glaubte unseren Ausführungen schlicht nicht. Sie wollte einfach nicht glauben, dass ihr Mann die ihm vorgeworfenen Taten tatsächlich begangen hat. Das blieb auch so, als sie ihn in der Haft besuchte und er ihr selbst bestätigte, dass er tatsächlich der gesuchte Täter sei. Auch zu diesem Zeitpunkt blieb sie bei ihrer Ungläubigkeit, was nicht zuletzt bedeutete, dass der Verdrängungsfaktor in diesem Fall sehr stark war. Wir hatten zwar sehr darauf hingearbeitet, dass bei der Frau ankommt, was wir wollten, trotzdem hat sie es einfach abgeblockt. Sie sagte zu uns, dass ein Fehler in den polizeilichen Untersuchungen vorliegen müsse, weil es ihr Mann einfach nicht gewesen sein könne.

Diesem Unverständnis lag keine mangelnde Klarheit der Worte zugrunde. Ausschlaggebend war vielmehr, dass die Frau den Inhalt der Ausführungen schlichtweg nicht fassen konnte. Wir haben es noch eine Weile weiter versucht und haben klar und inhaltlich argumentiert. Trotzdem hat die Frau all das nicht akzeptiert.

Später ging es dann gar nicht mehr um den Fakt an sich, vielmehr ging es darum, die Frau sicher aus der Wohnung zu bringen, da sie inzwischen von den Medien regelrecht belagert wurde. Es standen also andere Probleme im Vordergrund.

An der Überzeugung der Frau hat auch dies nichts geändert. Und das lässt sich nur mit Verdrängung erklären: Weil nicht sein kann, was nicht sein darf. Für die Frau war diese Verdrängung die Folge eines sehr brutalen Realitäts-Checks: Sie hat mit einem Mann zusammengelebt, beide haben gemeinsam ein Kind. Sie haben außerdem ein nach außen hin völlig normales Leben gelebt. Der Mann ist morgens zur Arbeit gefahren und kehrte am Abend zurück in die Wohnung zu seiner Frau. Für die Frau fühlte sich das alles äußerst harmonisch an, und sie fand von ihrer Warte aus keinerlei Anzeichen, dass es in dem Leben des Mannes noch etwas anderes gab. Was mit den jungen Mädchen geschehen war, das hat sie persönlich nie aus der Nähe mitbekommen. Solche Gedanken führten dazu, dass die realen Vorgänge sich außerhalb ihrer Vorstellungskraft befanden beziehungsweise geschahen. Und weil sie sich nicht in der Lage sah zu glauben, dass sie sich so sehr in einem Menschen getäuscht hatte. Oder auch, dass sie so blind für bestimmte Anzeichen war, oder dass sie sich sagte, es hätte bestimmte Anzeichen geben müssen, die es aber in der Realität nicht gab.

Auf die Frage, wie man mit so einem Menschen weiter umgeht, gibt es im Grunde nur eine Antwort: Man lässt ihn in Ruhe. In ihm schreitet ein Prozess voran, der irgendwann vermutlich doch dafür sorgt, dass die Wahrheit den Weg in die Realität dieser Person findet.

Was die Frau in diesem Einzelfall später geäußert hat, das kann ich nicht sagen. Für sie wäre es damals sicherlich sinnvoll gewesen, wenn sie sich für die weitere Verarbeitung der Fakten Hilfe gesucht hätte. Professionelle Unterstützung also, um das Gefühl zulassen zu können, einen Menschen geliebt zu haben, der zu derart furchtbaren Handlungen fähig war. Genau das zuzulassen aber, ist schwierig. Es wäre jedoch fatal, die Wahrheiten zu verdrängen und sich etwa zu sagen, dass man diesen Menschen dann wohl doch nicht geliebt hat. – Weil sie natürlich in Wahrheit weiß, dass sie den Mann geliebt hat.

Die Frage ist außerdem noch die, wie man einen solchen Menschen davon überzeugt, dass er Hilfe benötigt, obwohl er ja von ganz anderen Voraussetzungen ausgeht, nämlich dass eine Hilfe überflüssig sei, weil nach seiner Überzeugung gar nichts geschehen ist.

Kurz gesagt hätte diese Frau in den ersten Tagen nach der Eröffnung der Wahrheit sicher noch keine Hilfe angenommen. Aber eine derartige Wahrheit sickert im Laufe der Zeit doch ein in das Bewusstsein eines Menschen. Schließlich hat ihr ja sogar der Täter selbst gesagt, dass er die Taten begangen hat. Auch der Staatsanwalt wird ihr genau das noch einmal bestätigt haben. Außerdem wird man ihr sicher die schriftlichen Untersuchungsergebnisse gezeigt haben, damit sie die Wahrheit begreift, beziehungsweise diese Wahrheit auch glaubt. Irgendwann hat all das bei einem Menschen zur Folge, dass die Fakten in sein Bewusstsein vordringen. Was

dann dazu führt, dass das bisherige unrealistische Gedanken-
konstrukt beginnt, in sich zusammenzufallen.

Manchmal gibt es Situationen, in denen Menschen die
Wahrheit verdrängen. Auch deutliche Worte und Argumente dringen dann nicht zu ihnen durch. Trotzdem sollte
man sie vorbringen. Irgendwann, nach einer Zeit, kommen
diese Worte und Argumente dann doch im Bewusstsein
der Menschen an.

Wertschätzung – auch für Kindsmörderinnen

Ich habe in meiner Laufbahn als Polizeipsychologin noch ganz
andere Fälle erlebt – zum Beispiel solche, in denen ein Leben
bereits wieder endete, als es gerade erst begonnen hatte, weil
Mütter ihr eigenes Neugeborenes töteten. Das sind Fälle von
sogenanntem »Neonatizid«. Von einem solchen Fall möchte ich
nun berichten.

In einem Waldstück war der Leichnam eines Neugeborenen aufgefunden worden: verpackt in einen Karton. Natürlich wurden daraufhin Ermittlungen aufgenommen, man
suchte die Mutter des toten Säuglings, kam dabei allerdings
zunächst nicht wirklich weiter.

Dann aber veranlasste man wie im vorher beschriebenen
Fall des Pädophilen einen DNA-Massentest. Dieses Mal wurde er an Frauen durchgeführt, die in einem bestimmten geo-
grafischen Gebiet lebten und in eine entsprechende Alters-
struktur passten. Auch bei diesem Test landete man einen

Treffer. Die Probe ließ sich einer Frau zuordnen, die inzwischen erneut schwanger war. Das Problem war jedoch, dass man die DNA-Probe nicht mit absoluter Sicherheit dieser Frau zuordnen konnte, sie hätte auch nahe Verwandte einbezogen. Der DNA-Test barg also eine hohe Wahrscheinlichkeit, dass die Probe zu dieser Frau gehörte, aber keine 100-prozentige Gewissheit. Wir konnten nicht auf die Frau zugehen, ihr das Testergebnis unter die Nase halten und ihr dann ins Gesicht sagen, dass sie die Mutter des toten Säuglings sei.

Daraufhin wurde überlegt, wie eine Vernehmung dieser Frau am besten aufzubauen wäre. Ich selbst befand mich in dem Team, das diese Strategie zu entwickeln versuchte. Wir waren uns zwar recht sicher, dass sie selbst den Säugling zumindest tot im Wald abgelegt hatte, ob sie ihn auch getötet hatte, war unklar. Wir mussten sie nun dazu bringen, dass sie ihr Handeln zugab. Das war uns sehr wichtig, vor allem auch aus dem Grund, weil sie erneut schwanger war. Man kann sicher sagen, dass es bessere Ausgangssituationen für den Beginn eines neuen Lebens gibt.

Am Tag der Vernehmung haben die Vernehmerin und der Vernehmer die eigentliche Gesprächsführung übernommen, ich selbst war ebenfalls anwesend, hatte aber einen mehr beobachtenden Status inne. Wir wussten nicht, welche Frau uns gegenübertreten würde. Ob es sich um eine selbstbewusste Frau handelt, ob sie eher ängstlich ist oder ob es sich um eine Person handelt, die unabhängig denkt. Solche Faktoren sind unter anderem entscheidend dafür, wie man in ein solches Gespräch geht. Die Frau war für uns kein gänzlich unbeschriebenes

Blatt. Wir kannten die Berichte ihrer bisherigen Vernehmungen und auch die Aussagen von Verwandten, trotzdem wussten wir nicht wirklich viel über die Person beziehungsweise ihre Persönlichkeit.

Unsere erste Überlegung beziehungsweise Entscheidung war die, dass wir uns für eine sensible Herangehensweise in der Vernehmung entschieden. Das mag sich in einem solchen Fall selbstverständlich anhören, tatsächlich aber hätten wir auch ganz anders an das Gespräch herangehen können. Etwa indem wir sie mit den bekannten Fakten konfrontierten und ihr quasi zu verstehen gegeben hätten, dass wir davon ausgehen würden, dass sie die Täterin sei. Nur hätte das unserer Überzeugung nach dazu führen können, dass sie *zumacht* und gar nichts mehr sagt. Hätte sie dann darauf beharrt, sie wäre es nicht gewesen, dann hätten wir von Polizeiseite aus im Grunde nichts mehr machen können, um die Lösung des Falles voranzubringen.

Also sind wir so vorgegangen, dass die Vernehmerin das Hauptgespräch übernahm – von Frau zu Frau sozusagen. Denn manchmal spielen die Geschlechter der Beteiligten dann doch eine nicht zu unterschätzende Rolle, gerade bei einem derart sensiblen Thema wie einem potenziellen Neonatizid.

Bevor ich weiter berichte, sollte eines doch erwähnt werden: Mütter, die ihre Neugeborenen töten, tun das nicht, weil sie einfach nur Monster sind. Sie begehen die Tat vielmehr oft in einer Ausnahmesituation. Weil sie zum Beispiel mit der Situation vollkommen überfordert sind und weil sie meinen, dass es für sie keinen anderen Ausweg aus besagter Situation gibt.

Oftmals lässt sich bei einem Neonatizid nur schwer der Nachweis erbringen, ob ein Kind nicht bereits doch tot geboren wurde, und die Mutter es dann nur irgendwo abgelegt hat – oder ob es tatsächlich aktiv umgebracht wurde. Auch das sind Fragen, die noch nicht beantwortet sind, wenn ein Gespräch mit einer solchen Mutter ansteht. Und genau deswegen ist es überaus sinnvoll, vorsichtig und sensibel vorzugehen.

Hier sind wir wieder beim Punkt der Gestaltung einer Situation und eines Gespräches. Bei diesem Gespräch hat die Vernehmerin alles wunderbar gelöst, sie präsentierte sich als die personifizierte Empathie. Auf der anderen Seite war aber auch die Vernommene auf ihre Art sehr gut: Sie hat zunächst einmal alles geleugnet, sie hat außerdem das Gefühl zu vermitteln versucht, wie unsinnig die Vorwürfe an sich seien. Nach dem Motto: *Wie kommen Sie überhaupt darauf? Schauen Sie mich doch an, ich bin schwanger!* Sie war außerdem sehr überzeugend in der Art, wie sie diese Aussagen vorbrachte.

Dann hat sie noch etwas getan, was wir »Überzeugungsarbeit« nennen. Sie tat das in der Form, dass sie erklärte, sie hätte schließlich niemals freiwillig ihre DNA abgegeben, wenn sie wirklich die Täterin wäre. Allein der Verdacht würde bedeuten, dass man sie für blöd hielt. Das sprach sie sehr überzeugend und authentisch aus. Hätten wir die objektiven Tatsachen nicht im Hinterkopf gehabt, dann wäre sie tatsächlich schon sehr nahe an der erfolgreichen Überzeugung gewesen. Nur lagen uns eben jene Fakten vor, die uns zu ihr geführt hatten.

Die Kollegin, die auf unserer Seite die Vernehmung führte, gestaltete die Situation aktiv. Das tat sie vor allem in der Form, dass sie die Frau nicht verurteilte und sich ihr gegenüber wertschätzend zeigte. Sie war einerseits wertschätzend, andererseits blieb sie immer klar in Bezug auf den Inhalt. Genau das war die richtige Vorgehensweise.

Denn man kann eine Überzeugung vertreten, man kann vor diesem Hintergrund auch sehr klar bei einem Inhalt bleiben – und man kann gleichzeitig eben auch der Person gegenüber wertschätzend sein und bleiben. Das beginnt damit, dass man die Person mit ihrem Namen anspricht und ihr auch in die Augen schaut. Wieder etwas, was mancher für selbstverständlich erachten mag, es aber nicht immer ist. Es sollte niemals unterschätzt werden, wie elementar wichtig der nonverbale Faktor etwa in Form des Blickkontaktes ist. Ebenfalls sehr wichtig ist die Art, wie ein Mensch Worte ausspricht. Ob er etwa eher weich und empathisch spricht oder ob er die Worte nur harsch hervorpresst.

In dem vorliegenden Fall kann man sich den Verlauf stellenweise so vorstellen, dass die Vernehmerin auf die Aussagen der Verdächtigen so reagierte, dass sie sagte, sie habe zwar die Aussage registriert, die Frau wäre nie so blöde gewesen, DNA abzugeben, wenn sie tatsächlich die Täterin wäre, nur habe man eben DNA gefunden, die potenziell zu ihr passte. Außerdem sei es ein Fakt, dass tatsächlich viele Menschen DNA abgeben, obwohl sie eine damit verbundene Tat begangen haben. Man kenne also dieses Phänomen und genau aus diesem Grund glaube man, dass die Verdächtige auch zu diesen Personen gehöre.

Das ist ein Beispiel für eine gezielte Art der Kommunikation in einer derartigen Situation. Die Vernehmerin äußerte sich nämlich nicht in der Form, dass sie es unmöglich finde, auf eine solche Art und Weise angelogen zu werden. Sie hat auch nicht gefragt, ob die Verdächtige eigentlich wisse, wo sie sich befinde und mit wem sie es tun habe. Sie ist also nicht ausfallend oder wütend geworden, sondern hat die Vernehmung besonnen und ruhig fortgesetzt.

Natürlich könnte man in so einer Situation auch mit einer konfrontativen Methode an die Sache herangehen, die aber macht in erster Linie dann Sinn, wenn ein gewisser Druck aufgebaut werden soll. In diesem Fall aber ging es darum, der Verdächtigen zu zeigen, dass man sich von ihren Argumenten nicht beeindrucken lässt und dass man sie gleichzeitig als Mensch nicht ablehne.

Als die Frau beispielsweise darauf hinwies, dass sie ja schwanger sei und dass sie sich außerdem auf ihr Kind freue, reagierte die Kollegin in der Form, dass sie sagte, sie glaube ihr durchaus, dass sie sich auf ihr Kind freue. Man mache sich einfach Sorgen, dass diesem Kind ebenfalls etwas geschehen werde, und genau aus diesem Grund sitze man hier und versuche den Fall des toten Neugeborenen aufzuklären. Es wurden also wieder die Inhalte sehr klar benannt, während man gleichzeitig der Person gegenüber wertschätzend blieb.

So etwas lässt sich in vielen verschiedenen Situationen umsetzen. In diesem Fall handelte es sich quasi um ein Stufenmodell, das letztlich dazu führte, dass die Frau einknickte. Die Kollegin ist während des Verhörs immer drangeblieben, sie hat sich in keiner Weise beirren lassen von der Art und

Weise, in der die Frau Überzeugungsarbeit zu leisten versuchte. Sie hat vielmehr immer wieder neu angesetzt, ist bei ihren Vorbehalten geblieben und hat gleichzeitig versucht, eine Beziehungsstruktur aufzubauen – und zwar mit den schon angesprochenen Mitteln der Empathie und der Wertschätzung.

Nach einer Weile war dann zu spüren, dass die Verdächtige emotional instabiler wurde. Bis das Gespräch schließlich an einen Punkt kam, an dem sie darum bat, dass der immer noch anwesende männliche Kollege den Vernehmungsraum verlassen möge. In diesem Moment war allen klar, dass die Vernehmung in Richtung Wahrheit gehen werde. Es stellte sich dann heraus, dass eines der größten Probleme der Frau ihr Gesichtsverlust war. Sie wusste, was sie getan hatte, sie wusste auch, dass diese Tat furchtbar war, das heißt das, was sie getan hatte – und es war noch furchtbarer, weil sie inzwischen erneut schwanger war.

Eine derartige Tat zuzugeben, bedeutet auch, in den Spiegel zu schauen. Dass der Mensch sich wirklich und endgültig eingesteht, dass er etwas absolut Furchtbares getan hat, was die meisten anderen Menschen als verabscheuungswürdig empfinden. Es ging ihr sehr um den schon erwähnten Gesichtsverlust, und solange sich der männliche Verhandler noch im Raum aufhielt, konnte die Frau über all diese Dinge nicht sprechen. Die Fakten kamen ihr einfach nicht über die Lippen.

Natürlich haben wir ihrem Wunsch entsprochen. Dann wurde die Kommunikation wieder fortgesetzt, bevor die Verdächtige die nächste Bitte äußerte: nämlich die, dass auch ich den Raum verlassen sollte. Was ebenfalls kein Problem darstellte, also bin auch ich gegangen. Das gesamte Gespräch wurde sowieso aufgezeichnet.

Die Kollegin erreichte ihr Ziel über den Aufbau einer Beziehungsstruktur. Und dieses Ziel bestand darin, dass die Frau die Tat letztlich zugab. Genau das hätte sie vor dem männlichen Kollegen nie getan, sie hätte es auch mir nie gesagt. Sie hat es zugegeben, weil eine Struktur bestand, weil sie sich wertgeschätzt und nicht zutiefst abgelehnt fühlte. Das brachte sie in die Lage zuzugeben, was mit dem Kind geschehen war. Ihrer Version zufolge war das Kind bei der Geburt bereits tot, und sie wusste nicht, was sie nun machen sollte – also hat sie die Leiche in einen Karton gesteckt und in einen Wald gebracht, wo sie dann aufgefunden wurde.

Diese Vernehmungssituation ist wieder ein Beispiel für ein aktives Gestalten einer Kommunikation. Und zwar aktives Gestalten vor dem Hintergrund, was in der speziellen Kommunikationssituation das eigentliche Ziel darstellt. Genau das lässt sich sehr gut übertragen in viele alltägliche oder berufliche Situationen. Menschen sind nun mal zum Glück sehr unterschiedlich.

Möchte ich mein Gegenüber von etwas überzeugen oder einfach nur genauer erfassen, wer dieser Mensch wirklich ist, sollte ich verschiedene Facetten beachten: Zum einen bringe ich einen konstanten, authentischen Teil meiner Selbst mit ein. Wir sind, wie wir sind, und es geht nicht um das Verstellen der eigenen Person. Des Weiteren sollte ich ein aufrichtiges Interesse an meinem Gegenüber mitbringen. Ich sollte mich also fragen, was die Bedürfnisse des anderen sind. Sicherheit? Gesprächsleitung, im Sinne von Führung? Autonomie? Je nach Ziel kann ich dann eine bewusste Kommunikationsstruktur aufbauen. Neben diesen Aspekten sollte ich mir zudem überlegen, wie ich im Einzelfall meine Körpersprache und Stimme einsetze. Braucht jemand Raum und Distanz, um sich emotional einlassen zu können? Oder ist mein Gegenüber ein Mensch, der Nähe und körperliche Intensität mag und der sich damit besser einlassen oder öffnen kann? Es gibt Situationen, da vergeben wir uns nichts, wenn wir auf den anderen achten. Immer allerdings, ohne die eigenen Bedürfnisse komplett hintenanzustellen.

Aufbauen einer bewussten Kommunikationsstruktur

- Vor einem Gespräch überlegen, was das Ziel der Kommunikation ist.
- Dann aktives bewusstes Gestalten der Kommunikation.
- Die eigene Überzeugung vertreten und sehr klar bei einem Inhalt bleiben.
- Der Person gegenüber wertschätzend sein.
- Einen authentischen Teil von sich selbst einbringen.
- Aufrichtiges Interesse an seinem Gegenüber haben.
- Wichtig dabei:
- Blickkontakt
- Stimmmodulation: die Art, wie man Worte ausspricht, wie man seine Stimme einsetzt.
- Einsetzen der Körpersprache – je nachdem, ob der andere Raum oder Nähe braucht, um sich zu öffnen.

Wie wir unser Gegenüber beeinflussen

Ich möchte nun auf das Thema »Bewusste Entscheidungen in der Kommunikation« kommen – mit dem Beweggrund, dass diese Entscheidungen im Gegenüber etwas auslösen können und auch werden. Natürlich ist diese Beeinflussung nicht in allen Alltagssituationen möglich, aber wir sollten sie uns immer dann bewusst machen, wenn wir schwierige Situationen vor uns haben – berufliche ebenso wie private Situationen. Genau dann sollte uns klar sein, dass wir in diesen Situationen auch Gestaltungsmöglichkeiten besitzen. Wir sollten uns vergegenwärtigen, dass sich unser Gegenüber auch auf der Basis der von uns gewählten Kommunikationsmuster verhalten wird – genau wie wir es anders herum auch tun.

Zu meinem beruflichen Alltag zählt wie schon erwähnt auch die Durchführung und Gestaltung von Seminaren. Während dieser Seminare führe ich häufig gleich zu Beginn ein Experiment durch: Bevor wir wirklich in das eigentliche Thema einsteigen, hole ich mir einen der Teilnehmer nach vorne zu mir. Dann setzen wir uns einander gegenüber auf Stühle, und ich schalte eine Videokamera an. Ist das getan, erkläre ich dem Probanden, dass ich mich mit ihm gerne einmal über seinen oder ihren Lebensweg unterhalten möchte. Es geht also grob gesagt darum, wie die Person das geworden ist, was sie heute darstellt.

Zu Beginn sage ich vielleicht, dass ich den Beruf des Gegenübers sehr spannend finde, und dass mich zum Beispiel interessieren würde, ob derjenige diesen Berufsweg schon immer einschlagen wollte? Das ist grundsätzlich eine gute

Einstiegsfrage, da die meisten Menschen sehr gerne von sich selbst erzählen.

Beginnt die Person dann mit ihrer Erzählung, höre ich aktiv zu. Und zwar mit allem, was ich habe: Ich schaue mein Gegenüber an, ich bin offen in meiner Körperhaltung, ich nicke wohldosiert bei dem, was der andere sagt. In meinen Zwischenfragen bin ich zudem sehr wertschätzend und sage beispielsweise, dass das alles spannend und interessant klinge. Macht das Gegenüber dann vielleicht eine kurze Pause, fasse ich noch einmal zusammen, was mir bislang erzählt wurde. Insgesamt bin ich also thematisch und auch nonverbal vollkommen dabei. Die Folge ist, dass ich erstaunlich viele Informationen erhalte, weil mir eben sehr viel erzählt wird.

Dann aber beginne ich damit, mein Zuhörerverhalten zu verändern. Als Erstes stelle ich mein Nicken ab. Ansonsten bleibt vorerst alles gleich: Ich sitze weiter da und höre zu, aber ich nicke nicht mehr. Danach jedoch geht es weiter. Ich schaue nun auch mal weg, halte also nicht mehr durchgehend den Blickkontakt. Außerdem schlage ich die Beine übereinander und mache damit den Körper zu. Nach einer Weile sage ich vielleicht auch mal, dass ich gerade nicht zugehört habe, und frage den anderen daraufhin, ob er das gerade Gesagte noch einmal wiederholen könne. Auch werde ich nun abschätzend in meinen inhaltlichen Äußerungen und bemerke beispielsweise, dass der Job ja eigentlich nicht so toll sei. Das geht bis zu dem Verhalten, dass ich immer wieder einmal auf die Uhr oder das Handy schaue. – Dann stoppe ich die Videoaufnahme.

Wenn die Teilnehmer und ich das Video nun gemeinsam anschauen und auch darüber sprechen, dann wird eines sehr schnell klar: Sobald ich mein Zuhörerverhalten ändere, ändert das Gegenüber sofort sein Mitteilungsverhalten. Wenn ich nur aufhöre, regelmäßig zu nicken, ändert sich schon das Erzählverhalten des anderen. Bereits zu diesem Zeitpunkt werden die Inhalte reduzierter, und man kann regelrecht beobachten, wie der andere beginnt, hin und her zu gucken und sich dabei fragt, was sich eigentlich gerade verändert hat, was anders ist, als es gerade eben noch war.

Dass ich etwas verändert habe, kommt also sofort bei dem Gegenüber an, und zwar auf einer unbewussten Wahrnehmungsebene, und er reagiert entsprechend. Und je mehr gesprächshemmendes Verhalten ich an den Tag lege, desto weniger Informationen erhalte ich von meinem Gegenüber. Am Ende bekomme ich schließlich nur noch Satzfragmente, die aus einem oder vielleicht zwei Worten bestehen und die in einer sehr rechtfertigenden Haltung formuliert sind. Der Mensch fängt im Grunde an, sich zu verteidigen.

Man spürt außerdem förmlich, dass das Gegenüber sich fragt, was denn nun eigentlich los sei. Und man spürt auch das Gefühl des Gegenübers, dass das Erzählte für die andere Seite im Grunde vollkommen uninteressant ist.

Diese Übung im Rahmen eines Seminars ist zugegebenermaßen ein wenig gemein. Sie ist aber durchaus sinnvoll, weil sie sehr genau aufzeigt, wie wir die Reaktion anderer beeinflussen können. Einfach, indem wir die Kommunikation bewusst einsetzen und mal mehr oder eben auch mal weniger auf das Gegenüber eingehen. Und zwar immer im Zusammenhang damit, ob unser Gegenüber sich wohlfühlt oder eben weniger wohlfühlt. Je wohler sich der andere fühlt, umso mehr Informationen werde ich auch von ihm erhalten.

Dem Gegenüber ein gewisses Wohlgefühl während einer Kommunikation zu verschaffen, ist übrigens nichts, was wir erst üben müssten. Das lernen wir vielmehr in der Regel von klein auf. Ein Beispiel dafür ist das Nicken, mit dem wir den anderen bestärken, seine Erläuterungen fortzusetzen. – Dieses Nicken wird auch zu den sogenannten »minimalen Verstärkern« gezählt. Diese minimalen Verstärker erlernen wir in frühester Kindheit, und wir lernen auch, dass ihr Einsatz zu einer normalen Kommunikation einfach dazugehört.

Schon wenn wir als Babys die ersten »lustigen« Geräusche von uns geben, dann werden wir von unserer Umwelt ver- beziehungsweise bestärkt, weil die Menschen in unserer Umwelt wollen, dass wir weiter diese Geräusche machen. Wir sollen kieksen, wir sollen lachen. Damit wir das tun, werden unsere Äußerungen mit aufmunternden Zurufen wie *Toll!* oder *Super!* kommentiert, was die ersten minimalen Verstärker in unserem Leben sind. Sie bleiben jedoch nicht die einzigen, vielmehr ziehen sich diese minimalen Verstärker durch unser gesamtes Leben. Auch die schon angesprochene offene Körperhaltung oder der Blickkontakt zählen dazu, ebenso wie der Umstand, dass wir inhaltlich bei der anderen Person sind. All das macht uns zu aktiven Zuhörern, die bei dem anderen sind und nicht bei sich selbst verharren. Und es macht uns letztlich eben auch zu Zuhörern, die dafür sorgen, dass sich unser Gegenüber wohlfühlt und auf eine Art und Weise von sich erzählen kann, wie es ihm oder ihr am besten passt. Das führt dann wiederum dazu, dass wir zahlreiche und breit gefächerte Informationen erhalten – und mithilfe dieser besser hinter die Fassade des anderen blicken können. Denn wir können nur den anderen erfassen, wenn er uns auch Informationen zum Bewerten gibt. Diese Informationen bestehen natürlich einerseits aus dem Gesagten – also aus den Inhalten – und andererseits aus dem, was die Person uns sonst noch gibt. Also Körpersprache, Stimme, Emotionen und Mimik. Dies gilt es dann zu interpretieren.

Sorgt die von uns maßgeblich mitgesteuerte Art der Kommunikation aber dafür, dass unser Gesprächspartner sich nicht mehr wohlfühlt, dann versiegt auch der Informationsfluss immer mehr. Damit ich zum Beispiel während meiner Arbeit als Kriminalpsychologin Inhalte etwa hinsichtlich ihres Wahrheitsgehaltes bewerten kann, muss ich überhaupt erst einmal Informationen generieren.

Wir alle können aktiv Informationen aus einem Gegenüber herausbringen und wir sollten diese Möglichkeit auch nutzen. Denn dieses aktive Gestalten gibt uns Möglichkeiten der Einflussnahme, und je mehr wir gestalten, je mehr Informationen generiert werden, desto mehr steht uns am Ende zur Verfügung, das wir bewerten und interpretieren können. Das wiederum ist es ja, was wir wollen, was das Ziel einer Kommunikation darstellt – vor allem natürlich dann, wenn wir hinter die Fassade eines anderen Menschen schauen möchten. Oder wenn wir in Erfahrung bringen wollen, ob unser Gegenüber die Wahrheit sagt oder ob es womöglich Lügen erzählt. Auch die Frage, ob eine Aussage eventuell konstruiert ist, kann ich besser beurteilen, je mehr Informationen ich bekommen habe. Verfüge ich nur über sehr begrenzte Informationseinheiten, etwa in Form von Ja-Nein-Antworten, werde ich niemals wirklich in Erfahrung bringen können, ob eine Antwort wahr oder ob sie nicht wahr ist. Ich werde auch nie wissen, was sich wirklich hinter einer Antwort verbirgt. Weil all das eben nur möglich wird, wenn ich viele Informationen vorliegen habe.

Informationen zu generieren bringt meiner Überzeugung nach auch Spaß. Es bringt Spaß, sich mit der Frage der eigenen Einflussmöglichkeiten auseinanderzusetzen, damit, was wir alles tun können. Es geht hier nicht um eine Manipulation des Gegenübers. Ich spreche vielmehr nur von der Tatsache, dass wir im Miteinander der Kommunikation Informationen generieren können.

Sicherlich sprechen einige Menschen mehr auf diese »minimalen Verstärker« an als andere; am Ende hat wahrscheinlich jeder seine Verstärker, man muss nur die richtigen setzen.

■────────────────────────────

Durch das eigene Kommunikationsverhalten die Reaktion anderer beeinflussen ...

- indem man das eigene Zuhörerverhalten einsetzt. Sobald man sein Zuhörerverhalten ändert, ändert das Gegenüber sein Mitteilungsverhalten.
- indem man dem Gegenüber ein gewisses Wohlgefühl während einer Kommunikation verschafft. Dann ist es eher möglich, dass der Gesprächspartner viel erzählt.
- indem man »minimale Verstärker« einsetzt, die den Mitteilungsfluss steigern können, z.B. Nicken, offene Körperhaltung, Blickkontakt und Worte, die zeigen, dass man inhaltlich bei der anderen Person ist.

■ *Das eigene Kommunikationsverhalten kann beeinflussen, ob man viele Informationen bekommt. Je mehr Informationen man bekommt, die man bewerten und interpretieren kann, desto besser kann man hinter die Fassade des Gegenübers blicken.*

Kommunikative Mittel kennen und eigene Ziele erreichen

Haben wir ein Ziel oder auch eine Idee, die wir umsetzen möchten – sei es, dass wir um eine Gehaltserhöhung bitten oder dass wir einfach nur unseren Nachbarn besser kennenlernen möchten –, egal welche Ziele es sind, wir sollten uns immer bewusst machen, dass wir über besagte Gestaltungsmöglichkeiten verfügen. Zwar hängt es nicht zu einhundert Prozent von uns ab, wie ein solches Gespräch verläuft, aber wir verfügen über zahlreiche Möglichkeiten, den Verlauf eines Gesprächs in unserem Sinne zu beeinflussen.

Sind wir uns der kommunikativen und auch gestalterischen Möglichkeiten bewusst, dann ist dies ein großer Gewinn. Zum Beispiel wenn wir wissen, mit welchen kommunikativen Mitteln wir erreichen, dass sich unser Gegenüber während des Gespräches wohlfühlt. Interessant ist auch die Frage, welche strategischen Möglichkeiten sich bieten, um ein Gegenüber von unserer Meinung zu überzeugen, obwohl diese Person grundsätzlich eine andere Meinung vertritt. Natürlich ist das bloße Wissen der strategischen Mittel nur der erste Schritt, in einem zweiten Schritt geht es darum, diese Mittel auch einzusetzen, um zu erfahren und ein Gespür dafür zu entwickeln, wie umfangreich die zur Verfügung stehenden Möglichkeiten sind. Das bedeutet, dass wir unsere Welt und unsere Situation in weiten Teilen mitgestalten können – was wiederum ein sehr gutes Gefühl hervorruft.

Wenden wir uns zunächst der Umsetzung des Gesagten in unserem beruflichen Umfeld zu – sei es bei einer Gehaltsverhandlung oder auch, wenn es um eine mögliche Beförderung geht. Wann immer wir uns in einer solchen Situation befinden, ist die wichtigste Frage die, mit welcher Person oder was für einem Typ Mensch wir über das Thema reden. Natürlich werden wir mit einem Entscheidungsträger sprechen, aber auch diese Entscheidungsträger sind Menschen, und Menschen sind unterschiedlich.

Es ist es wichtig, darüber nachzudenken, mit wem wir in dieser Situation sprechen – also nicht nur die Funktion beziehungsweise Stellung des Entscheidungsträgers zu berücksichtigen, sondern auch seine Persönlichkeit. Das heißt festzustellen, ob dieser Mensch vielleicht sehr von sich selbst überzeugt ist oder ob er eventuell erst einmal viel Aufmerksamkeit benötigt, um in ein Gespräch hineinzukommen. Es gibt Menschen, mit denen man direkt über das eigentliche Thema sprechen kann, andere wiederum benötigen eine gewisse Aufwärmphase – in diesem Fall sprechen wir mit ihnen also zunächst einige Minuten über völlig andere Themen. Mancher Entscheidungsträger mag zudem vielleicht launige und humorvolle Gespräche, bei anderen ist das Gegenteil der Fall.

Im Endeffekt geht es darum, dass wir uns erst einmal darüber klar werden, was der Vorgesetzte eigentlich für ein Mensch ist. Dafür müssen wir kein aufwendiges Profil oder ein Psychogramm erstellen, wir müssen uns einfach nur die Persönlichkeit der Person ins Bewusstsein rufen.

Weiß man etwa, dass es sich bei dem Vorgesetzten um einen äußerst gewissenhaften Menschen handelt, um jemanden, der sich sehr an Regeln sowie Hierarchien orientiert, dann sollte man sich genau auf das Gespräch vorbereiten. Denn eine solche Person wird mit an Sicherheit grenzender Wahrscheinlichkeit sehr genau beispielsweise über die Gehaltsentwicklung seiner Mitarbeiter in den vergangenen Jahren Bescheid wissen. Für ein anstehendes Gespräch bedeutet das, dass man ebenfalls sehr genau über die eigene Gehaltsentwicklung während der vergangenen Jahre informiert sein sollte – und zwar nicht nur ungefähr, sondern wirklich exakt. Hangelt man sich am Ungefähren entlang, dann hätte man bei einem derartigen Vorgesetzten schon verloren. Dieser Vorgesetzte könnte einem schließlich vorwerfen, dass man mehr Geld verlangt, obwohl man nicht einmal mehr weiß, was man zum Beispiel vor fünf Jahren verdient hat – was im Grunde gleichbedeutend damit wäre, dass man das Gespräch an dieser Stelle schon wieder beenden könnte.

Will man einen solchen Vorgesetzten beeindrucken, dann sollte man nicht nur seine eigene Gehaltsentwicklung wirklich sehr genau kennen, man sollte auch über die Gehälter bei der Konkurrenz sowie ganz allgemein auf dem Markt

Bescheid wissen. Man sollte sich also mit den Zahlen, Fakten und Daten munitionieren.

Aber nicht nur das ist wichtig, man sollte auch weitere Eigenheiten seines Vorgesetzten berücksichtigen. Handelt es sich bei diesem um einen sehr genauen und exakten Menschen, dann sollte man auch darauf achten, dass man zu dem Gespräch wirklich pünktlich erscheint – denn auch das ist einer solchen Persönlichkeit meist überaus wichtig. – Das hört sich natürlich trivial an. Hat man sich aber schon einmal mit derart gestrickten Menschen beschäftigt, dann weiß man, dass bei ihnen einige wenige Minuten entscheidend sein können für den Erfolg oder Misserfolg eines Gespräches. Ist man also mit der Person um zehn Uhr am Vormittag verabredet, dann schwinden die Erfolgswahrscheinlichkeiten deutlich, wenn man sechs Minuten später erscheint. Aber es sind nicht nur Verspätungen, die Probleme bereiten können. Umgekehrt sollte man nämlich auch nicht um sechs Minuten vor zehn Uhr erscheinen, man sollte tatsächlich wie besprochen pünktlich um zehn erscheinen.

Ist die Person wiederum sehr an Hierarchien orientiert, dann sollte man sich auch darauf in gewissem Maße einstellen. Man sollte in so einem Fall nicht einfach in das Büro des Chefs marschieren und sich dort sofort auf einen Stuhl fallen lassen. Man sollte sich vielmehr erst dann setzen, wenn man dazu aufgefordert wird.

Geht es um das Gespräch an sich, dann sollte man mit so einem Chef auf jeden Fall sehr sachlich sprechen – weil solche Menschen nicht als emotional sehr mitschwingend einzustufen sind. Was bedeutet, dass man bei ihnen auf der emotionalen Ebene keine großen Fortschritte erzielen wird. Es wird also wenig nutzen, wenn man dem Vorgesetzten etwa mit weinerlicher Stimme darüber informiert, dass man ja so viele Ausgaben hätte und aus diesem Grund nun um eine Gehaltserhöhung bitte.

So etwas könnte man versuchen, wenn es sich um einen Chef mit einer sogenannten dramatischen Persönlichkeit handelt. Also um jemanden, dem Aufmerksamkeit sehr wichtig ist und der auch emotional reagiert. Bei einem sehr gewissenhaften und genauen Vorgesetzten wird der Versuch dagegen nicht von Erfolg gekrönt sein. Hier müsste die Kommunikation vielmehr so gestaltet werden, dass man mit den eigenen Qualifikationen oder Kompetenzen argumentiert, um den Wunsch nach einer Gehaltserhöhung durchzusetzen. Angebracht ist also eine inhaltliche Auseinandersetzung mit dem Vorgesetzten, bei der man aber auch Möglichkeiten hat, mit denen man bei ihm *andocken* könnte. Weil man über die Beschreibung und Benennung der eigenen Kompetenzen bei dieser Person Punkte und damit auch Respekt oder Achtung sammelt. Man beschreibt also sachlich seine Arbeit der vergangenen Zeit, weist außerdem auf die Entwicklung auf dem Personalmarkt hin – und findet so einen Zugang zur Persönlichkeit des Vorgesetzten. Über diese Themen hätte man dann gute Chancen, mit dem Chef auch über den Gehaltswunsch diskutieren zu können. Spricht man dagegen Themen an, bei denen einem von vornherein bewusst ist, dass sie den derart gestrickten Chef eigentlich nicht interessieren, dann ist der Misserfolg im Grunde vorprogrammiert.

Die Essenz lautet: Je nachdem, wie unser Ansprechpartner beziehungsweise Vorgesetzter gestrickt ist, sollten wir sehr genau überlegen, welche Themen wir ansprechen. Und wir sollten uns auch überlegen, auf welche Art und Weise wir kommunizieren: sachlich und fachlich orientiert, wenn wir es mit einer gewissenhaften Person zu tun haben. Mit Emotionalität oder der Erwähnung von Ungerechtigkeiten braucht man einer solchen Person gar nicht zu kommen. Bei einem dramatischen Chef ist das Gegenteil der Fall. Hier ist es besser, die emotionale Schiene einzuschlagen, als es mit rein sachlichen Argumenten zu versuchen.

Wenn ich als Psychologin von solchen Persönlichkeitsstilen spreche, dann bedeutet das nicht, dass sich jeder Mensch zunächst erst einmal intensiv mit der Psychologie der Menschen beschäftigen muss, um der Natur der Persönlichkeiten auf die Spur zu kommen. Denn selbst wer grundsätzlich kein Interesse an Psychologie hat, der besitzt in der Regel doch ein gewisses Verständnis dafür, wie die Menschen so sind. Wir alle wissen oder ahnen zumindest, ob es sich um eine sehr nüchterne Persönlichkeit handelt, die bildlich gesprochen zum Lachen in den Keller geht, oder ob es jemand ist, der gerne selbst mal einen Witz reißt – und dann erwartet, dass wirklich alle über den Witz lachen. Wir wissen also auch ohne ein Psychologie-Studium, dass es sich bei so einem Menschen um jemanden handelt, der sich gerne in den Mittelpunkt stellt und sich dort im Beifall sonnt. Denn für solche Details haben wir Menschen meist ein gutes Gespür, wir sind auch ohne gezielte psychologische Schulung recht gute Menschenkenner.

Genau diese Fähigkeit hat uns in den Anfängen der Menschheit immer wieder das Überleben gesichert, und sie ist uns in ihren Grundzügen bis heute erhalten geblieben. Dass sie uns erhalten geblieben ist, das hängt nicht zuletzt damit zusammen, dass diese Fähigkeit bis heute ihren Wert für uns erhalten hat: Es ist einfach wichtig für uns, dass wir andere Menschen einschätzen können.

Was ich mit alldem sagen möchte, ist Folgendes: Wir alle haben unsere eigene Art. Wir haben unsere ganz eigene Art, uns zu bewegen, und wir haben auch unsere ganz eigene Art zu sprechen. Doch wir haben nicht nur diese unsere Art, wir sind daneben vor allem auch fähig zu Variationen. Diese Fähigkeit wiederum sollten wir beispielsweise in Abhängigkeit davon nutzen, welche Person beziehungsweise Persönlichkeit uns bei einem Gespräch gegenübersitzt. Weil wir so besser ein Ziel erreichen können, das wir uns selbst gesetzt haben. Letztlich handelt es sich dabei um eine bewusste und strategische Art der Kommunikation. Es geht in keiner Weise darum, sich zu verstellen oder nur darum, dem anderen zu gefallen. Authentizität ist die wichtigste aller Eigenschaften, die wir auch anwenden sollen. Menschen merken relativ schnell, ob jemand etwas vorspielt oder ob er echt ist. Nein, es geht vielmehr darum, unsere Palette an Möglichkeiten, die in uns wohnen, geschickt einzusetzen. Das setzt das wirkliche Interesse am Gegenüber und vor allem an der kreativen Interaktionsgestaltung voraus.

Um ein Gespräch zu beeinflussen, sollte man im beruflichen Umfeld ...

- zuerst feststellen: Wer ist der Gesprächspartner als Person, nicht in seiner Funktion/Status/Rolle.
- je nach Person genau überlegen, welche Themen man ansprechen sollte.

- je nach Person überlegen, auf welche Art und Weise man kommuniziert: auf der sachlich/fachlichen Ebene oder der emotionalen Schiene?

Sehen und hören – Die Ebenen der Lügen-Erkennung

Wenn von strategischem und bewusstem Umgang mit Kommunikation die Rede ist, dann gilt das auch in einem völlig anderen Zusammenhang. Nämlich dann, wenn es um das Erkennen von Lügen geht. Wollen wir Lügen erkennen, dann reicht es nicht aus, wenn wir dem Gegenüber einfach nur genau zuhören, wir müssen vielmehr die verschiedenen Ebenen der Kommunikation kennen, und wir müssen wissen, wie mit ihnen umzugehen ist, um das Ziel zu erreichen, eine mögliche Lüge zu entlarven.

Um das zu beschreiben, möchte ich von einem weiteren Fall berichten, in den ich eingebunden war. Es handelt sich um einen Fall, in dem ein Mann verdächtigt wurde, seinen ehemaligen Lebensgefährten erschlagen zu haben. Beide waren zum Zeitpunkt des Tötungsdeliktes bereits kein Paar mehr. Der Mann war aus der gemeinsamen Wohnung ausgezogen, trotzdem kam es immer wieder zu Kontakten zwischen beiden. Eines Tages wurde das Opfer dann erschlagen in seiner Wohnung aufgefunden. Zunächst war vollkommen unklar, wer die Tat begangen haben könnte, und die Polizei ermittelte in alle Richtungen. Bis man auf den besagten ehemaligen Lebensgefährten stieß.

Die beiden hatten sich seinerzeit in einer Entzugsklinik kennengelernt, beide hatten eine Vergangenheit, in der es um Alkoholsucht ging, bei dem verdächtigen Mann spielten außerdem noch andere Drogen eine Rolle.

Wenn sich Menschen in der Psychiatrie oder einer Entzugsklinik kennenlernen und sich dann zu einem gemeinsamen Leben entschließen, dann entstehen nach einer Weile nicht selten Knackpunkte beziehungsweise Konflikte. Grund dafür ist, dass vielfach die Grundprobleme der Einzelpersonen noch nicht wirklich gelöst sind. Nach dem Kennenlernen ist eine solche Beziehung zunächst in Ordnung, auch weil sich beide gegenseitig Halt geben. In manchen Fällen bleibt es so, in anderen kommen nach einer gewissen Zeit die alten Probleme wieder an die Oberfläche. Ist das der Fall, steckt jeder der beiden mit seinen ureigenen und problembehafteten Themen in eben dieser Beziehung, was dann immer wieder auch zu Streitigkeiten und Konflikten im Allgemeinen führt.

In diesem Fall hielt die Beziehung nach dem Klinikaufenthalt rund neun Jahre, bis der Mann nach einigem Hin und Her schließlich endgültig auszog. Trotzdem gab es nach diesem Auszug weiterhin Kontakt zwischen den beiden ehemaligen Lebenspartnern. Zu sagen ist dazu noch, dass diese Lebensgemeinschaft nicht in einem Umfeld lebte, das dem klassischen Alkoholiker- oder Ex-Alkoholiker-Milieu entsprochen hätte. Es gab zwar Probleme, trotzdem hatten sich beide nach ihrem Klinikaufenthalt wieder recht gut gefangen, sie gingen auch überwiegend einer regelmäßigen Arbeit nach.

Nach dem gewaltsamen Tod des Opfers gab es keine objektiven Beweise, dass es sich bei dem Täter wirklich um den Exfreund handelte. Hätte es Beweise am Tatort oder eindeutige Zeugenaussagen gegeben, dann hätte es sich um einen einfachen Fall gehandelt. Doch es war nicht einmal klar, mit welcher Art von Waffe oder Werkzeug das Opfer erschlagen worden war, weil man dieses Tatwerkzeug nicht gefunden hatte. Zwar gab es diverse Hinweise, dass es sich wohl um einen schweren Dekorations-Gegenstand gehandelt haben müsse, mehr aber auch nicht.

Trotzdem rückte der ehemalige Lebensgefährte im Laufe der Zeit immer weiter in den Mittelpunkt der Untersuchungen. Er wurde von den Ermittlern mehrfach im Rahmen von Zeugenvernehmungen gehört, nicht jedoch als Beschuldigter. In einer dieser Vernehmungen verwickelte er sich schließlich in Widersprüche, als es um die Frage ging, wann die beiden zum letzten Mal miteinander Kontakt gehabt hätten. Es handelte sich um die Angabe zu seinem letzten Telefonat mit dem Opfer. Bei der Überprüfung der Verbindungsdaten stellte sich heraus, dass der Mann, anders als von ihm behauptet, noch relativ kurz vor seinem Tod mit dem ehemaligen Freund Kontakt gehabt hatte. Man sprach ihn auf den Widerspruch zwischen seiner Angabe und den Verbindungsnachweisen an. Er antwortete darauf, dass er diesen kurzen Anruf einfach komplett vergessen hätte. Beide hätten öfter miteinander telefoniert und dieser eine Anruf sei ihm einfach nicht mehr in Erinnerung gewesen. Es sei daher keine böse Absicht gewesen, dass er falsche Angaben gemacht habe.

Natürlich kann es immer einmal vorkommen, dass Menschen tatsächliche Vorkommnisse vergessen, in diesem Fall allerdings war das Vergessen doch etwas auffällig. Die damaligen Ermittler haben ihm seine Beteuerungen auch nicht geglaubt, trotzdem reichte dieser Widerspruch nicht aus, um ihn zu einem tatsächlich Beschuldigten zu machen. Also behielt der Mann weiter seinen Zeugenstatus.

Die Ermittler hielten an ihrem Glauben fest, dass sich hinter dem vermeintlichen Vergessen eines Telefonats doch noch mehr verbarg – was dann schließlich dazu führte, dass auch ich in den Fall einstieg. – Ich habe häufig Kollegen bei Vernehmungen unterstützt, wenn diese der Meinung waren, dass sie mit etwas psychologischem Input aus einer Vernehmungssituation noch mehr herausholen könnten. – Mithilfe der Ermittlungsakten habe ich mich tiefer in den Fall eingearbeitet und dabei auch versucht zu ergründen, um was für eine Person es sich bei dem Mann handelt.

Das Schwierige war, dass dieser Mann immer noch seinen Zeugenstatus innehatte. Hätte er als Beschuldigter gegolten, dann hätte man im Rahmen einer Vernehmung ganz anders auf ihn zugehen können. Dann hätte man ihn klar mit dem im Raum stehenden Vorwurf konfrontiert – was mit einem Zeugen nicht möglich ist. Schließlich gibt es nicht ohne Grund die Unterscheidung zwischen einem Zeugen und einem Beschuldigten.

Ich habe nun versucht, die Kollegen bei ihren Überlegungen zu unterstützen, was sie vor diesem Hintergrund trotz allem in einer Vernehmung noch unternehmen können, um im Gespräch Informationen zu produzieren, die wir dann wiederum bewerten können. Denn das ist genau der Punkt, um den es bei dieser Arbeit geht: die Bewertung und Interpretation dessen, was uns gesagt wird.

Vor allem haben wir überlegt, wie wir die Vernehmer-Konstellation aufbauen. Wir haben uns schließlich entschieden, dass wir eine weibliche Vernehmerin nehmen, die zudem ungefähr im gleichen Alter wie unser Zeuge ist. Daneben haben wir noch einen weiteren, jüngeren Vernehmer eingesetzt. Das Ziel war auch hier wieder, über eine möglicherweise aufzubauende Beziehungsstruktur an den Mann heranzukommen. Diese Wahl ist völlig unabhängig von der Homosexualität des Zeugen zu sehen. (Es geht hier selbstverständlich nicht um den Aufbau einer sexuellen Beziehungsstruktur, sondern um eine rein emotionale!)

Die Vernehmungen wurden als Videos aufgezeichnet. Ich selbst war während der Vernehmungen nicht anwesend, habe mir anschließend jedoch das jeweilige Videomaterial angeschaut. Dann habe ich gemeinsam mit den Kollegen für die jeweils folgende Vernehmung Punkte herausgearbeitet, an die man anknüpfen könnte.

Wenn man Lügen erkennen will, dann reicht es nicht aus, wenn man dem Gegenüber einfach nur genau zuhört.

Lügen erkennen mit Augen und Ohren

Ich bin eine große Verfechterin der Thesen von Philip Houston, Michael Floyd und Susan Carnicero, die gemeinsam ein Buch mit dem Titel *Spy the Lie* geschrieben haben. Sie sind ehemalige CIA-Mitarbeiter, die unter anderem die Theorie vertreten, dass wir gleichzeitig sowohl sehen als auch hören müssen, wenn wir eine Lüge entlarven wollen. Nur tun wir genau das im Normalfall nicht, wenn wir einer Person zuhören. Wir konzentrieren uns nämlich entweder auf den Inhalt des Gesagten, wodurch wir zahlreiche nonverbale Facetten nicht wahrnehmen, oder aber wir konzentrieren uns stark auf das nonverbale Verhalten, wodurch uns wiederum Inhalte entgehen. Wirklich erfolgreich sind wir aber dann, wenn wir tatsächlich beides versuchen.

Ebenfalls sehr interessant ist das Bewusstmachen der Erkenntnis, dass wir bei einer Vernehmung beziehungsweise Befragung durch die von uns an das Gegenüber gestellte Frage einen Reiz setzen. Wir setzen den Reiz für das, was als Antwort von der anderen Seite zurückkommt. (Das wiederum geht Hand in Hand mit meiner Behauptung, wir hätten bei derartigen Interaktionen sehr viel in der eigenen Hand, sprich, es hängt sehr von unserem eigenen Verhalten ab, was das Gegenüber macht oder sagt. Vor allem wie es etwas sagt, inhaltlich und nonverbal.)

Die Frage, die wir stellen, stellt also den Reiz für eine entsprechende Antwort dar. Die gestellte Frage ist der Auslöser dafür, ob die Antwort die Wahrheit, eine Lüge oder auch irgendetwas dazwischen sein wird. Bezieht sich unsere Frage auf einen Inhalt, den ein Mensch verbergen möchte, wird er auf diese Frage mit der Unwahrheit antworten. Berührt die Frage ein Thema, das vom Gegenüber emotional besetzt ist, macht ihm das Thema vielleicht Angst oder es versetzt ihn in Stress. Das werden wir in der Antwort hören und sehen können. Als Nächstes gilt es dann herauszufinden, warum er Stress hat.

Es ist interessant und vor allem informativ zu beobachten, was nach dem Stellen der Frage bei unserem Gegenüber geschieht. Wir können zum Beispiel beobachten, ob der andere gerade Inhalte konstruiert – ob er sich also etwas ausdenken muss – oder ob er auf eine reale Erinnerung zurückgreift, von der er gerade erzählt. In jedem dieser beiden Fälle reagiert ein Mensch auf eine ganz spezielle Art und Weise. Wir Menschen verhalten uns vollkommen unterschiedlich, wenn wir konstruieren und uns somit in der Situation etwas einfallen lassen müssen, oder wenn wir stattdessen auf eine wahre Geschichte zurückgreifen können, die wir auch selbst erlebt haben. Wir benehmen uns nochmals anders, wenn wir von einer Geschichte erzählen, die wir zwar nicht selbst erlebt, die wir zuvor aber schon gedanklich vorbereiten konnten – denn so müssen wir sie uns nicht ad hoc ausdenken und können uns statt auf die Inhalte auf das reine Erzählen konzentrieren.

Kommen wir zurück zu dem Beispiel der Vernehmung des Mannes, der möglicherweise seinen ehemaligen Lebensgefährten erschlagen hat. Es war bei ihm sehr interessant zu beobachten, wie der Mann auf Einzelfragen reagierte. Wie viel Zeit er etwa für die Beantwortung einer Frage benötigte und ob er sich auch bei komplexen Inhalten ähnlich verhielt.

Wenn ein Mensch komplexe Inhalte wie etwa den Ablauf eines Abends erzählt und ich das im Laufe einer Vernehmung zwei- oder dreimal erfrage, dann stimmt womöglich etwas nicht, wenn ich diese Geschichte immer im exakt gleichen Wortlaut zu hören bekomme. Überlegen Sie einmal, wie Sie selbst über Erlebtes berichten. Da fällt Ihnen beim Erzählen doch auch oft noch das eine oder andere ein, was Sie in Ihre Ausführungen dann mit einbauen. Manchmal geht es dabei auch um ganz nebensächliche Dinge. Natürlich werden sich Informationseinheiten und auch einzelne Worte wiederholen, aber wenn wir tatsächlich auf unsere Erinnerung zurückgreifen, um etwas zu erzählen, dann gibt es immer wieder andere Variationen. Wenn mir aber eine wirklich komplexe Geschichte immer wieder Wort für Wort gleich erzählt wird, dann kann das ein Hinweis darauf sein, dass ein Mensch diese Geschichte wie ein Gedicht vorher auswendig gelernt hat.

Ähnlich verhält es sich, wenn ein Vernehmer eine wirklich einfache Frage stellt und der zu Vernehmende auf der anderen Seite erklärt, er habe die Frage nicht verstanden. Das könnte ein Hinweis darauf sein, dass dieser Mensch Zeit schinden will, weil er sie benötigt, um sich eine passende Antwort auszudenken.

Es ist also wichtig, auf das Antwortverhalten von Menschen zu achten. Zum einen auf das verbale Antwortverhalten, zum anderen natürlich auch auf den Inhalt, darauf, was da eigentlich erzählt wird. Dabei ist dann die Frage zu beantworten, ob das Erzählte in sich schlüssig und konsistent ist.

Hinzu kommt dann noch die dritte Ebene des Nonverbalen. Wir beobachten also, wie sich das Gegenüber verhält, wenn es antwortet. Nun gibt es dazu zahlreiche Theorien und Ansätze, die eine einfache Lösung propagieren. Da wird mal gesagt, man müsse nur auf bestimmte körpersprachliche Merkmale achten und schon könne man erkennen, ob jemand die Wahrheit sagt oder nicht. Das ist meiner Meinung nach kompletter Blödsinn. Es ist Blödsinn sowohl in Hinblick auf das, was die wissenschaftliche Literatur hergibt, und es ist Blödsinn vor dem Hintergrund meiner ganz persönlichen Erfahrungen. Ich habe in meiner gesamten Laufbahn keinen einzigen erfahrenen Ermittler erlebt, der oder die anhand von einfachen körpersprachlichen Merkmalen erkennen konnte, ob jemand lügt oder nicht lügt.

Vielmehr geht es im Grunde zunächst einmal immer darum, eine Basislinie des Verhaltens zu erfassen. Genau das haben wir auch bei dem Mann gemacht, der im Verdacht stand, seinen ehemaligen Lebensgefährten getötet zu haben. Wenn ich von der Basislinie des Verhaltens spreche, dann ist darin eingeschlossen die Basislinie der Sprache. Es geht also darum, wie sich ein Mensch verhält und wie er spricht, wenn er keinen Grund hat, anderen etwas vorzumachen beziehungsweise die Unwahrheit zu sagen. Genau das wird übrigens auch bei der Arbeit mit dem Lügendetektor getan. Bevor die kritischen Fragen gestellt werden, wird der Basiswert der physiologischen Parameter erhoben. Abweichungen vom Basiswert, sowohl physiologisch beim Lügendetektor als auch in Stimme, Inhalt und Verhalten in der sozialen Interaktion, zeigen an, dass etwas passiert in der Person. Wir wissen dann zwar noch nicht, warum etwas passiert, entweder weil er/sie lügt oder aber selbstverständlich auch aus anderen Gründen nervös werden kann, aber wir wissen, *dass* unsere

Frage etwas ausgelöst hat. Spannend ist es dann herauszufinden, *was* es ausgelöst hat.

Wenn zum Beispiel eine Person im Gespräch mit anderen normalerweise immer mit den Füßen wippt, sich nervös an den Fingern zupft und blinzelt, dann ist das für mich eine nutzlose Information, wenn sie das auch während einer Vernehmung tut. Diese Anzeichen können zwar ein Hinweis auf Nervosität sein, bei dieser einen Person jedoch habe ich keinen Informationsvorsprung durch dieses Wissen, da es letztlich nichts anderes als den Normalzustand von ihr darstellt. Das Gleiche gilt, wenn jemand die ganze Zeit abweisend die Arme verschränkt und grimmig dreinblickt – auch das ist eine wertlose Information, wenn die Person das sowieso immer macht, es sich also um ein ständig gleichbleibendes Verhalten handelt.

Wenn jemand zu Beginn einer Vernehmung jedoch noch sehr freundlich ist und den Vernehmern auch in die Augen schaut, sich dieses Verhalten aber an einem kritischen Punkt der Vernehmung ändert, dann weiß ich zwar immer noch nicht, ob von der anderen Seite nun gerade eine Lüge kommt – aber ich kann mir sicher sein, an dieser einen Stelle einen Knackpunkt gefunden zu haben.

Ich möchte wieder meine Überzeugung betonen, dass es meiner Ansicht nach keine Hinweise auf Lügen durch nur eine der schon genannten Ebenen von nonverbalem und verbalem Verhalten gibt. Wir bekommen nur dann wirkliche Hinweise auf eine potenzielle Lüge, wenn wir alle Ebenen berücksichtigen und wenn wir sie zudem auch gleichzeitig betrachten. Tun wir das nicht, dann bekommen wir nur Hinweise darauf, ob es einen Knackpunkt gibt – eine Stelle also, an der es sich eventuell anzusetzen lohnt. Dieser Knackpunkt kann natürlich daher rühren, dass die Person lügt, dahinter können sich aber genauso gut auch vollkommen andere Gründe verbergen. Es kann also einfach nur ein Punkt beziehungsweise Knackpunkt sein, an dem man nachhaken beziehungsweise noch einmal ansetzen muss, um möglicherweise eine Unwahrheit zu entlarven.

Genau das haben wir bei dem mutmaßlichen Mörder versucht. Es ging also zunächst einmal darum, eine möglichst breite Basislinie seines Verhaltens in normalen und damit für ihn auch unproblematischen Situationen zu erheben. Auf dieser Basis hat die Vernehmerin versucht, eine Grundlage in der Beziehungsstruktur aufzubauen.

Zur Erhebung besagter Basislinie wurde über Themen gesprochen, die wir als sicheres Terrain ansahen: Also etwa wie und wo sich das Paar kennengelernt hat. All das waren Punkte, die schon durch die vorliegenden Akten gut belegt waren, sodass sich recht einfach auch eine Gegenprüfung durchführen ließ, ob die nun gemachten Angaben wirklich der Wahrheit entsprachen.

Nach und nach wurden daraufhin weitere Punkte in das Gespräch eingebracht – und zwar auch Punkte, die wir in Zusammenhang mit dem Fall eher kritisch sahen. Zum Beispiel jene, bei denen er sich selbst im Rahmen seiner Zeugenaussagen widersprochen hat. Das galt vor allem für den erwähnten letzten Telefonanruf bei dem ehemaligen Lebensgefährten – jenem Anruf, den der Mann vorgab, vergessen zu haben. Ein weiteres Thema war der damals aktuelle Beziehungsstatus zwischen den beiden: Welche Verbindung gab es nach der Trennung wirklich noch zwischen ihnen? Wie nah standen sie sich zuletzt tatsächlich? Wir haben also Punkte herausgearbeitet, von denen wir sagten, sie könnten eventuell kritische Themen sein, bei denen er sich möglicherweise auch erneut widersprechen wird.

Auf dieser Basis haben wir sowohl darauf geachtet, ob der Mann sich in seinem Antwortverhalten verändert, und wir haben darauf geachtet, wie weit sich womöglich auch sein nonverbales Verhalten ändert. Das mag vielleicht an dieser Stelle trivial klingen. Jedoch ist es so, dass Menschen, die lügen, entweder sehr darauf achten, was sie inhaltlich sagen, damit sie keine Fehler machen, oder sie achten sehr darauf, was sie nonverbal zum Ausdruck bringen. Auf beides gleichzeitig zu achten, fällt den meisten Menschen extrem schwer. Und selbst wenn ein Lügner auf seine Inhalte achtet, die er von sich gibt, dann ist er meistens darauf aus, stringent, logisch und komplikationslos zu erzählen. Die Wahrheit aber ist genau dies nicht. Die reale Welt ist meistens nicht stringent und komplikationslos. Lügner aber präsentieren oftmals ihre an Stereotypen über Lüge und Wahrheit ausgerichteten Geschichten – sie erzählen also eher eine Geschichte, die sich an der Handlung eines einfach gestrickten Films oder einer simplen Fernsehserie orientiert. Dabei aber vergessen sie, dass wahre Erlebnisse sich einfach anders darstellen, dass sie auch komplizierter und wendungsreicher sind.

Tatsächlich war in diesem Fall auch auf den Videobändern der Gespräche gut zu beobachten, wie sich bei ganz bestimmten Themen die Körpersprache des Mannes veränderte – zum Beispiel, als es um den Zeitpunkt des angesprochenen und vermeintlich vergessenen Telefonates ging. Neben der Körpersprache hat sich auch das Inhaltliche dessen verändert, was der Mann sagte. Sprach er zuvor vom Tonfall her noch sehr lebhaft, wurden seine Antworten umso zögerlicher, je weiter wir uns chronologisch dem Tattag näherten. Er brauchte also deutlich länger als zuvor für seine Antworten.

Für Hinweise auf eine potenzielle Lüge sollte man drei Ebenen des Antwortverhaltens gleichzeitig betrachten:

- Das verbale Antwortverhalten, d.h. die Art und Weise, wie erzählt wird, z.B. stockend, flüssig, ...
- Den Inhalt, der erzählt wird: Ist das Erzählte in sich schlüssig?
- Die Ebene des Nonverbalen: Wie verhält sich das Gegenüber, wenn es antwortet, z.B. in Gestik, Mimik?

Verfahren:

- Zuerst eine »Basislinie« des Verhaltens und der Sprache erfassen: Wie verhält sich der Mensch und wie spricht er, wenn er keinen Grund hat, die Unwahrheit zu sagen?
- Vergleich dieses Basisverhaltens mit dem Verhalten bei einem Gespräch mit »kritischen« Themen: Weicht das Verhalten von der Basislinie ab?

Achtung, es ist verdächtig ...

- wenn man mehrmals die gleiche Frage stellt und die Antwortgeschichte immer im exakt gleichen Wortlaut zu hören bekommt.
- wenn man eine wirklich einfache Frage stellt und der Antwortende erklärt, er habe die Frage nicht verstanden. Dann braucht er Zeit, um sich eine Antwort auszudenken.

Die Ebenen der Wahrheit

Erleben wir eine Situation wirklich real, dann speichern wir sie auf mehreren Ebenen ab. Weil wir während des Erlebens Dinge sehen, hören und riechen. Zudem haben wir während des Erlebens dieser Situation auch bestimmte Empfindungen und Bedürfnisse. All das merken wir uns auf jeweils ganz eigene Art und Weise.

Denken wir uns jedoch eine Lüge aus, dann konstruieren wir diese Lüge nur auf eine Art und damit ohne diese unterschiedlichen Ebenen. Wir überlegen uns also nur, wie der Vorgang gewesen sein könnte. Da der Mensch einen Hang zum Geschichtenerzählen hat, werden wir uns entsprechend einen Anfang, eine Mitte und ein Ende der Geschichte überlegen, weil diese Elemente zu einer richtigen Geschichte dazugehören. Wenn diese Geschichte später erzählt werden soll, dann wird sie auch genau so erzählt – vom Anfang über die Mitte bis hin zum Ende. Mit diesem Ende ist dann aber auch wirklich das Ende erreicht.

Hat sich ein Mensch eine solche Geschichte ausgedacht, dann denkt er meistens nicht auch noch darüber nach, was nach dem von ihm selbst gesetzten Ende noch geschehen sein könnte. Und weil die Geschichte ausgedacht ist, fehlen in ihr auch jene Faktoren, die wir in einer realen Situation auf verschiedenen Ebenen abspeichern: In einer erfundenen Geschichte gibt es selten Geräusche oder Gerüche, zu ihr gehören auch keine realen Empfindungen.

Doch zurück zu unserem Fall. Wir haben versucht, den Mann auch inhaltlich an die Grenzen zu bringen, das heißt, wir haben uns genau diese oben genannten Umstände zunutze gemacht. Hätte er uns etwa von einem erfundenen Treffen zweier Personen berichtet, dann hätten wir ihn vielleicht gefragt, was er denn im Anschluss an dieses Treffen getan hätte – nach dem Anschluss an das erfundene Geschehen also. Dieses hat wie gesagt an einem bestimmten Punkt im Kopf ihr Ende, ohne dass es zu folgenden Handlungen gekommen ist, weil die eben nicht zu der nicht realen Episode gehören.

Bezogen auf ein Verhör bedeutet dies, ein Mensch käme an einer solchen Stelle erst einmal ins Stocken, da ihm keine Inhalte für eine Antwort zur Verfügung stehen. Eine Möglichkeit wäre nun, dass der Gefragte erneut zu konstruieren beginnt. Er denkt sich also eine Handlung aus, die an die ebenfalls erlogene beziehungsweise erfundene Story anknüpft. Möglicherweise ein sehr banaler Ablauf in der Form, er habe in seiner Stammkneipe ein Bier getrunken.

Sicher keine sonderlich ausgefeilte und überlegte Beschreibung, und sicher auch keine, die sehr schwer zu konstruieren war. Der größte Haken an der Erzählung aber ist gar nicht ihr Inhalt, sondern dass sie spontan in einer unerwarteten Situation entstanden ist und nicht memoriert wurde. Wenn wir jetzt wieder an die Verhörsituation denken, dann gäbe es durchaus die Möglichkeit, die Person einige Tage nach einer derartigen Aussage noch einmal zum Thema und noch einmal auch zu der identischen Situation zu befragen. Wenn sie also wieder gefragt wird, was sie denn nach dem Ende der – erfundenen – Situation getan hätte, dann wird sie sich womöglich daran erinnern, dass sie bei dem früheren Verhör dazu ein Erlebnis geschildert hat, sie wird sich aber vielleicht nicht mehr genau erinnern, was das denn für eine

Geschichte war – weil dies nämlich kein ausgefeilter und detailliert überlegter Bericht war, sondern einer, der sehr spontan entstanden ist, um eine unerwartete Frage zu beantworten. Ganz sicher ist es nicht, ob ihm die zuvor fantasierten Fakten wieder einfallen, und wenn ja, wie sehr diese mit der ersten Version übereinstimmen. Möglicherweise weiß er noch, dass er angab, ein Bier getrunken zu haben. Den angegebenen Namen der Kneipe hat er aber möglicherweise nicht abgespeichert.

Hinzu kommt bei ausgedachten Erinnerungen noch ein weiteres Problem: Anders als bei einem real erlebten Vorgang können Menschen diese erfundenen Abläufe nicht so gut rückwärts erzählen, also vom Ende zum Anfang. Sie können sie auch nicht ohne Weiteres von der Mitte nach vorne erzählen. Dies gilt vor allem, wenn es sich um komplexe Inhalte handelt. Wenn eine Person beispielsweise gefragt wird, was sie am Ende des – erfundenen – Tages getan hätte, und was sich davor zugetragen hätte, beziehungsweise wenn man von diesem Punkt noch weiter zurückgeht, dann gerät diese Person sehr schnell in Schwierigkeiten. Einfach weil sie sich ihre Episode eben nur in eine Richtung ausgedacht hat.

Bei einer realen Situation dagegen hätte sie einerseits abgespeichert, was sie am Abend eines bestimmten Tages getan hat, und es würde ihr nicht sehr viel Schwierigkeiten bereiten, im Gedächtnis abzurufen, was am Nachmittag oder auch am frühen Morgen jenes Tages geschehen ist. Denn diese Abläufe hat der Mensch auf vielfältige Art und Weise in einem bestimmten Gefüge von Raum und Zeit erlebt. Er hat sie also auf vielen verschiedenen Ebenen abgespeichert und kann sie daher auch problemlos in einer beliebigen Reihen- oder Abfolge wieder abrufen und erzählen.

Nun könnte man sicher denken, wir würden auch bei einer erfundenen Geschichte über die entsprechenden Bausteine verfügen. Wir kennen also den Anfang, die Mitte und das Ende – es sollte also auch möglich sein, diese Bausteine einzeln abzurufen und zwischen ihnen hin und her zu springen. Doch genau dieses Springen ist eben nicht so einfach, wie mancher möglicherweise denkt. Denn ein Mensch, der eine Geschichte erfindet, überlegt vielleicht, wie er sie denn erzählen wird – aber meistens eben in einer bestimmten Chronologie. Der durchschnittliche Lügner wird daher eine erfundene Geschichte auch noch nie rückwärts erzählt beziehungsweise auch nur gedacht haben – weil es dafür ja nie einen Grund gegeben hat. Meistens erzählen wir Geschichten vom Anfang bis zum Ende, und wir erzählen sie nicht nur so, wir denken sie auch so.

Hinzu kommt, dass der erfundenen Geschichte oft Details fehlen, die bei einer real erlebten Situation selbstverständlich dazugehören. Das beginnt schon damit, dass ein Lügner meist keine Antwort weiß, wenn man ihn fragt, ob es zu einem bestimmten Zeitpunkt des berichteten Szenarios draußen hell oder dunkel war. Diese Faktoren spielten beim Erfinden der Geschichte keine Rolle, bringen ihn bei einer Nachfrage also in Schwierigkeiten. Wäre die Geschichte jedoch real geschehen, dann ließe sich die Antwort ohne Probleme abrufen, da auch die Tageszeit und damit die Helligkeit erlebt und abgespeichert worden sind.

Aber auch das sind noch nicht alle Schwierigkeiten, die eine erfundene Geschichte bereiten kann. Handelt es sich beispielsweise um eine Situation, in der mehrere Personen vorkommen, dann wird es dem Erfinder der Geschichte meist schwerfallen, die Handlung aus der Sicht einer dieser anderen Personen zu erzählen. Der Grund ist auch hier wieder naheliegend: Ist die Geschichte erfunden, dann sind natürlich auch die darin vorkommenden Personen erfunden. Die Sicht der anderen Person existiert also ebenso wenig wie die Person an sich – es gibt nichts und niemanden, in den sich der Erzähler hineinversetzen könnte. Wäre die Geschichte hingegen wahr, dann wäre es für den Erzähler ein Leichtes, sie aus der Sicht einer ebenfalls wahren Person zu erzählen beziehungsweise sich in diese Person hineinzuversetzen – weil dieser Erzähler eben nicht nur diese Person, sondern zum Beispiel auch die räumlichen Verhältnisse kennt, und sich daher überlegen kann, wie der andere die Vorgänge von seiner Position aus wohl miterlebt hat.

Nun werden aber häufig auch Geschichten erzählt, die nicht komplett erlogen sind. Sie setzen sich etwa aus einem großen Teil tatsächlicher Vorfälle zusammen, während nur ein kleiner, aber oft wesentlicher Teil erfunden ist. Was es dann am Ende auch sehr schwer macht, eine Lüge wirklich zweifelsfrei zu entlarven. Denn den großen Teil besagter Geschichte, der auf wahren Begebenheiten beruht, kann natürlich auch ein Lügner sehr gut erzählen. Auch wird es ihm nicht schwerfallen, diese wahren Passagen in umgekehrter Reihenfolge oder aus der Sicht einer anderen Person zu schildern.

Nehmen wir wieder den Fall des Mannes, der verdächtigt wurde, seinen ehemaligen Freund erschlagen zu haben. Auch hier entsprachen große Teile seiner Erzählungen der

Wahrheit und beruhten auf realen Vorgängen. Zudem lag das eigentliche Tatgeschehen für uns immer noch weitgehend im Dunkeln. Wir konnten also nicht zu dem Mittel greifen, ihn zu bitten, die Vorgänge während der Tat von hinten nach vorne zu erzählen – weil er angegeben hatte, sich zur Tatzeit nicht in der Wohnung befunden zu haben. Es war letztlich innerhalb des Verhörs auch kein Ansatzpunkt für das Geschehen am Tat-Tag zu finden. Also wurde überlegt, wo sich eventuell andere Punkte finden ließen, um dem mutmaßlichen Täter auf emotionaler Ebene näherzukommen. Was dann wieder zur Aussage über den *vergessenen* letzten Anruf bei dem Opfer führte und zu den weiteren widersprüchlichen Angaben über den aktuellen Beziehungsstatus zwischen dem Opfer und dem mutmaßlichen Täter. Denn während der Mann beteuerte, die beiden hätten keine Beziehung mehr geführt, gab es andererseits die Aussage einer Freundin des Verstorbenen, beide hätten zuletzt doch wieder etwas miteinander gehabt.

Natürlich hatte der ehemalige Lebensgefährte keinerlei Interesse daran, dass diese mögliche Wiederaufnahme der Beziehung der beiden weiter in den Fokus rückte. Denn genau das hätte ihn erneut verdächtig gemacht – beziehungsweise verdächtiger, als er ohnehin schon war.

Wir haben versucht, unsere Fragen gezielt auf die Persönlichkeit des zu Vernehmenden abzustimmen, um auf diese Weise bestimmte Zugänge zu finden. Was am Ende auch fast geklappt hätte, aber eben nur fast. Denn tatsächlich konnte dieser Fall nicht aufgeklärt werden.

Beim Erleben einer realen Situation ...
wird diese Situation auf mehreren Ebenen abgespeichert:
Wir sehen, hören und riechen und haben dabei bestimmte
Empfindungen und Bedürfnisse.

Denken wir uns jedoch eine Lüge aus, ...
dann wird diese Lüge nur auf eine Art konstruiert, d.h. ohne die unterschiedlichen Ebenen wie Hören, Sehen, Riechen, Empfinden ... In einer erfundenen Geschichte gibt
es z.B. selten Geräusche oder Gerüche.

Strategien, um festzustellen, ob jemand lügt:
- Fragen nach der chronologischen Fortsetzung eines
  erfundenes Geschehens: Gerät der Mensch ins Stocken,
  um sich schnell etwas überlegen zu können, lügt er
  wahrscheinlich.
- Die Geschichte chronologisch anders erzählen lassen. Im
  Gegensatz zu einem real erlebten Vorgang können Menschen erfundene Abläufe nicht so gut rückwärts erzählen,
  also vom Ende zum Anfang, auch nicht ohne Weiteres von
  der Mitte nach vorne.
- Nach Details fragen: Einer erfundenen Geschichte fehlen
  oft Details, z.B. ob es draußen hell oder dunkel war.
- Sich die Geschichte aus Sicht einer anderen Person, die in
  der erfundenen Geschichte vorkommt, erzählen lassen.

Achtung:
Häufig sind Geschichten nicht komplett erlogen. Sie setzen sich vielleicht aus einem großen Teil tatsächlicher Vorfälle zusammen, während nur ein kleiner, aber wesentli-

cher Teil erfunden ist. Den Teil der tatsächlichen Vorfälle kann der Lügner chronologisch anders oder aus der Sicht einer anderen Person erzählen. Die Wahrheitsfindung hier ist sehr schwierig.

Fitnesstraining in Sachen Lügenerkennung

An dieser Stelle möchte ich noch einmal auf die nonverbale und die verbale Seite der Kommunikation zurückkommen. Ich habe erwähnt, wir Menschen konzentrieren uns beim Zuhören schwerpunktmäßig immer nur auf eine der beiden Seiten, würden jedoch beide Seiten benötigen, um beispielsweise eine Lüge zu entlarven. Unser Gehirn aber ist hier eher bequem und tut lieber das eine und vernachlässigt dabei das andere. Die Frage, die sich nun stellt, ist die, wie wir es schaffen können, uns auf beide Facetten zu konzentrieren.

Eine Videoaufnahme wie während eines Verhörs stellt dafür natürlich das Optimum dar. Denn wir können mit dieser Hilfe auch im Nachhinein den Klang jedes Satzes und auch die Mimik des Menschen in jedem einzelnen Moment noch einmal abrufen, um eventuelle Veränderungen aufzudecken. Doch in der Realität – sowohl der polizeilichen als auch der privaten Realität – ist so eine Videoaufzeichnung eines Gesprächs mehr die Ausnahme als die Regel.

Nehmen wir einmal den Fall einer Vernehmung. Auch oder gerade wenn die Vernehmung nicht auf Video aufgezeichnet wird, ist es immer ein Vorteil, wenn die Vernehmung von zwei Personen durchgeführt wird – was jedoch nicht immer so gehandhabt wird, es werden oft sehr viele Vernehmungen von nur einer Person durchgeführt, der es schlichtweg nicht möglich ist, sich auf alle genannten Facetten zu konzentrieren, um eine Lüge beziehungsweise einen Lügner zu entlarven. Noch schwieriger wird es für den einen Vernehmer, wenn ihm nicht einmal die Möglichkeit einer Audioaufzeichnung zur Verfügung steht und er nebenher das Gespräch auch noch protokollieren muss. Denn wer protokolliert, der blickt während des Schreibens normalerweise den Vernommenen nicht an, er hört nur dessen Stimme während der Aussage. Und selbst das geschieht nur zu einem gewissen Teil, weil der Vernehmer das Gehörte gleichzeitig in seinem Kopf für das Protokoll zusammenfasst. Diese Zusammenfassung wiederum gibt dem Gesagten dann auch die Interpretation des Vernehmers, weil er ja die Person ist, in deren Kopf die Zusammenfassung erfolgt – gemäß seinem ganz persönlichen Denkkonzepten. Was so entsteht, ist dann aber nicht mehr die Realität, es ist also nicht mehr das, was ein Zeuge, Geschädigter oder Beschuldigter wirklich auch gesagt hat.

Ich habe sehr viele Vernehmungen gelesen, bei denen ich mich gefragt habe, ob der Vernommene die Worte wirklich so gesagt hat oder haben kann, wie sie protokolliert worden sind. Es gab immer wieder schriftliche Protokolle, bei denen ich mir gewünscht hätte zu wissen, wie die Person den festgehaltenen Satz gesagt hat – weil sich vielfach die Aussage eines Satzes erst durch den Tonfall erschließt.

Dazu muss man sich einen weiteren Fakt vor Augen führen: Unsere Überzeugungskraft in einer Kommunikation bezieht sich zu weniger als zehn Prozent auf den tatsächlichen

Inhalt des Gesagten. Rund 40 Prozent der Überzeugung erreichen wir über unsere Stimme, und der Rest, also mehr als die Hälfte, wird über die Körpersprache vermittelt. Wenn jemand also handschriftlich protokolliert, was ihm eine Person berichtet hat, dann ist darin natürlich weder die Stimme noch die Körpersprache enthalten. Besagter Vernehmer hat von alldem zwar etwas mitbekommen, aber er war vor allem darauf konzentriert, die Worte an sich niederzuschreiben.

Insgesamt bietet eine derartige Vernehmung die ungünstigsten Voraussetzungen überhaupt, wenn es darum geht, etwaige Unwahrheiten aufzudecken. Die Suche nach der Wahrheit kann vor diesem Hintergrund fast vergessen werden – außer natürlich, man kann jemanden über inhaltliche Unwahrheiten entlarven, über tatsächliche Widersprüche innerhalb des Gesagten oder mit objektiven Beweisen, wie Fingerabdrücken oder DNA.

Eine Audioaufnahme eines Verhörs stellt gegenüber dem handschriftlichen Protokoll natürlich einen Fortschritt dar. Aber auch bei diesem Hilfsmittel hat man nur in der Verhörsituation an sich die Möglichkeit, gleichzeitig zu hören und zu sehen. Wenn man die Aufnahme im Nachhinein noch einmal hört, dann fehlt einem wieder ein großer Teil der übrigen Einflussfaktoren. Und selbst wenn während des Verhörs die Sprache aufgezeichnet wird, werden auch in dieser Situation schon Dinge verschüttet, weil uns eben die gleichzeitige Konzentration auf Wort und Bild so schwerfällt.

Wir können allerdings unsere Fähigkeiten trainieren. Wir können tatsächlich trainieren, das Hören und Sehen gleichzeitig möglichst umfassend wahrzunehmen.

Das lässt sich sogar in unserem ganz gewöhnlichen Alltag trainieren. Und zwar nicht nur in bestimmten oder vielleicht sogar außergewöhnlichen Situationen, sondern immer dann, wenn wir uns mit einem Menschen unterhalten – egal mit wem. Immer wenn wir eine Unterhaltung führen, können wir versuchen, einerseits auf den Inhalt zu hören und gleichzeitig auf den nonverbalen Teil der Kommunikation zu achten. Das lässt sich wie gesagt in zahllosen alltäglichen Situationen üben.

In meinen Seminaren trainiere ich genau das mit den Teilnehmern. Zuerst fordere ich sie dazu auf, sich einerseits eine erlogene Geschichte auszudenken und andererseits von einer wahren Begebenheit zu berichten. Jede dieser Geschichten soll zwischen fünf und sieben Minuten lang sein.

Dann treten zunächst zwei Personen vor die übrigen Teilnehmer. Eine der beiden Personen ist die, die ihre Geschichte erzählt. Sie kann sich aussuchen, ob sie die wahre oder die erfundenen Geschichte vorträgt. Die zweite Person wiederum ist die, die trainiert. Sie soll nun herausfinden, ob die vorgetragene Geschichte wahr oder gelogen ist. Sie muss also erfassen, ob es in der Erzählung inhaltliche Widersprüche gibt, ob der Erzähler an manchen Punkten längere Zeit benötigt – im Grunde geht es also um all die inhaltsanalytischen Dinge, die bei der Wahrheitssuche helfen. Gleichzeitig muss sich diese Person aber auch darauf konzentrieren, was sie bei ihrem Gegenüber sieht. Zum Beispiel, ob sich das Verhalten des Erzählers gegenüber seinem Basisverhalten verändert hat, ob womöglich auch viele Gesten auffallen, die diese Person zuvor nicht gezeigt hat. Und wenn ja, an welcher inhaltlichen Stelle sich das nonverbale oder emotionale

Verhalten verändert hat. Es kommt also vor allem auf die Verknüpfung dieser Ebenen an. Ansonsten wäre die Wahrnehmung einer Veränderung sinnfrei.

Zusätzlich wird die beobachtende Person dazu aufgefordert, sich nach dem Test Notizen zu machen. Und zwar darüber, wie sich die Aufgabe anfühlte, ob sie schwierig oder einfach war.

Die Standardantwort der Teilnehmer war häufig, dass es ihnen unglaublich schwer gefallen ist, beide Anforderungen zu erfüllen. Sie berichten auch, sie hätten bei sich selbst bemerkt, wie sie sich entweder schwerpunktmäßig auf das Sehen oder auf das Hören konzentrierten. Wodurch sich entsprechend auch der Fokus der Notizen verschob. Entweder wussten die Trainierenden noch, was sie gehört hatten, dann konnten sie jedoch wenig Auskunft darüber geben, was es bei der nonverbalen Kommunikation zu beobachten gab. Oder eben umgekehrt.

Je öfter wir solche Übungseinheiten in unseren Alltag und auch ins Berufsleben einbauen, desto besser lernen wir, damit umzugehen. Und desto mehr bleibt auch von den verschiedenen Seiten der Kommunikation in unserer Erinnerung haften.

Unsere Überzeugungskraft in einer Kommunikation wird dem Gegenüber vermittelt ...

- zu weniger als 10 Prozent durch den tatsächlichen Inhalt des Gesagten.
- zu rund 40 Prozent über die Stimme.
- zu rund 50 Prozent über die Körpersprache.

Wir können trainieren, ...
das Hören und Sehen gleichzeitig möglichst umfassend wahrzunehmen: Immer wenn wir eine Unterhaltung führen, können wir versuchen, einerseits auf den Inhalt zu hören und gleichzeitig auf den nonverbalen Teil der Kommunikation (Stimme, Körpersprache ...) zu achten.

Erst zuhören, dann denken

Wir können uns also fit machen auf dem Gebiet der Lügenerkennung. Ein nicht zu unterschätzender erster wichtiger Schritt auf diesem Weg ist aber erst einmal der, dass wir uns nicht schon überlegen, was wir auf gehörte Aussagen erwidern wollen, während ein anderer noch erzählt. Ein Philosoph, ich glaube, es war Laotse, hat einmal gesagt, derjenige sei weise, der während des Zuhörens nicht bereits an die eigene Erwiderung denke. Das ist nach meiner Überzeugung eine elementare Erkenntnis. Natürlich müssen wir einen eigenen inhaltlichen Faden haben, natürlich sollen wir auch flexibel inhaltlich auf das reagieren können, was unser Gegenüber sagt. Die große Kunst aber besteht im Zuhören, darin, dass wir uns wirklich auf das einlassen, was der andere sagt. Wenn wir aber, während der andere noch spricht, nur daran denken, was wir darauf erwidern wollen, dann stellen wir uns im Grunde eine dritte Aufgabe, die es zu erfüllen gilt. Denn dass wir dann schon daran denken, wie unsere Reaktion ausfallen wird, stellt eine hochkomplexe Leistung unseres Gehirns dar. Schließlich nehmen wir damit unsere eigene Reaktion und auch unsere eigenen Worte voraus. Gleichzeitig wollen wir aber hören und sehen. Es braucht nicht besonders viel Vorstellungskraft, um zu dem Ergebnis zu kommen, bei alldem würde am Ende etwas auf der Strecke bleiben.

Der bessere und sinnvollere Weg ist der, dass wir uns wirklich in Gänze auf das einlassen, was der andere sagt. Dass wir uns damit auch frei machen von Vorverurteilungen und Annahmen, die wir schon von unserem Gegenüber haben. Was dann wieder zurück zur Selbstreflexion führt, die ja der allererste Schritt sein sollte.

Natürlich werden wir auch mit sehr viel Training nicht die Perfektion erreichen, die eine Videoaufnahme bietet. Nicht zuletzt, weil wir uns ein Video auch mehrmals anschauen können und dabei womöglich immer weitere Facetten entdecken. Doch ein Training eröffnet uns die Chance, uns nach einer Gesprächssituation bestimmte Elemente oder Abläufe noch einmal ins Gedächtnis rufen zu können. Wir können also Punkte noch einmal überprüfen, die uns inhaltlich aufgefallen sind, und wir können sie verbinden mit nonverbalen Facetten, die wir bemerkt haben. Richtig gut wird es dann, wenn uns all das schon während des Gesprächs auffällt. Weil wir dann bereits in der aktuellen Situation auf das Bemerkte Bezug nehmen können. Im Endeffekt werden wir es selbst auch merken, wenn wir trainierter mit diesen Mitteln der Kommunikation umzugehen und sie zu entschlüsseln wissen. Aber, um es noch einmal zu betonen, zu all dem gehört auch, sich selbst ein wenig zurückzunehmen, um dem anderen den Raum zu geben, damit er diese Facetten überhaupt zeigen kann. Das gilt im normalen Gespräch ebenso wie in einer polizeilichen Vernehmung. Gehen wir in ein solches Gespräch mit dem Plan, einfach nur einen – nämlich unseren – Fragenkatalog abarbeiten zu wollen, dann werden wir nie wirklich etwas über unser Gegenüber herausfinden. In meinen elf Jahren bei der Polizei habe ich gelernt, wie groß der Vorteil ist, wenn man genau zuhört und dazu noch genau hinsieht. Und wenn man die Aussagen dann auf der Basis der gewonnenen Erkenntnisse noch einmal prüft.

Wir können all diese Dynamiken auch in vielen Situationen des täglichen Lebens anwenden – nicht zuletzt zu unserem eigenen Vorteil. Vielleicht geht es im Alltag nicht ständig um das Entlarven einer großen oder erschreckenden Lüge, zumindest hoffe ich das sehr für Sie. Aber sinnvoll sind diese Techniken ebenso, wenn wir einfach nur wissen wollen, wie authentisch das ist, was uns unser Gegenüber erzählt. Schließlich ist es für uns alle wertvoll zu wissen, ob uns jemand beschummelt, weil er uns einfach nur gefallen will, ob seine wahre Intention darin besteht, uns in irgendeiner Form zu betrügen oder übers Ohr zu hauen, oder ob er uns die Wahrheit sagt.

Was dazu noch zu sagen ist: Das Trainieren solcher Techniken führt nicht dazu, dass ein Mensch im privaten Umfeld das Gesprächsverhalten seiner Mitmenschen immer einer intensiven Prüfung unterzieht, um es im Detail bewerten zu können. Das Wissen um diese Techniken lässt einem Menschen durchaus die Möglichkeit, weiterhin vollkommen entspannte Unterhaltungen zu führen. Nicht weil ein Mensch dieses Wissen je nach Situation einfach aus- oder einblenden kann, vielmehr wird der Umgang mit dem Wissen nach einer gewissen Zeit zu einer Selbstverständlichkeit. Es wird für uns einfach normal, auf die verbalen wie auch die nonverbalen Aspekte der Kommunikation zu achten. Wir integrieren unser Wissen letztlich auch in unser eigenes Kommunikationsverhalten. Dass es für uns normal wird und wir es in unser Verhalten integrieren, bedeutet jedoch nicht, dass wir auch immer gleich mit diesem Wissen umgehen müssen und werden. Denn dass wir gleichzeitig auf verschiedene Facetten der Kommunikation achtgeben, bedeutet nicht, diese Facetten immer auch zu interpretieren. Wir werden sie registrieren, ob wir sie jedoch auch interpretieren wollen, das ist am Ende unsere Entscheidung, und genau das macht letztlich einen sehr großen Unterschied aus. Wollen wir entspannt kommunizieren, dann beschränken wir uns auf das Registrieren der Fakten; wollen wir uns intensiver mit der Situation beschäftigen, dann machen wir das aktiv in Form der Interpretation. Am Ende macht uns das Ganze auf jeden Fall zu einem aufmerksamen Gesprächspartner und Zuhörer. Das wiederum finden die meisten Mensch sympathisch.

Noch etwas möchte ich anmerken: Es ist immer einfacher, aus einer dritten Position heraus zu beobachten. Das heißt, wenn wir nicht direkt in die Kommunikation involviert sind, sondern nur einen beobachtenden, neutralen Status einnehmen. Wenn wir uns also nicht mit dem Gegenüber selbst unterhalten, sondern allein das Verhalten einer Person neutral beobachten, während diese mit einem anderen Menschen spricht. Auch solche Situationen gibt es häufig. Allerdings finden wir sie eher im beruflichen Umfeld, kaum im Privaten. Denn da sind wir meist nicht neutral, sondern als Person selbst involviert, wenn es um Gespräche oder sogar Konflikte geht. Wir haben in diesen Situationen also meist nicht die Möglichkeit, die Vorgänge neutral von außen zu beobachten. Wir müssen vielmehr selbst agieren und wir agieren mit unserer Persönlichkeit ebenso wie mit unseren emotionalen Befindlichkeiten. Sobald diese Emotionalität etwa in Konfliktgesprächen anspringt, kollidiert sie mit dem Wunsch des Beobachtens und Analysierens – sodass das Zuhören und Zusehen dann auch nicht mehr funktioniert. Was wieder zurückführt zu den Anfängen dieses Kapitels und dazu, dass wir die Kontrolle behalten sollten, um unser Gegenüber entsprechend zu analysieren.

Erster Schritt auf dem Weg zur Lügenerkennung:
Nicht schon überlegen, was man auf gehörte Aussagen erwidern will, während ein anderer noch erzählt. Sondern sich völlig darauf einlassen, was der andere sagt.

Teil 3: Interpretation

Die Bewertung einer Aussage

Die Kontrolle behalten und das Gegenüber analysieren – das führt zu einem weiteren Fall, der in diesem Zusammenhang interessant ist. Es handelt sich um eine Geiselnahme in einer Justizvollzugsanstalt, genaugenommen hatte ein Insasse einen Sozialarbeiter als Geisel genommen. Auch hier ging es am Ende um die Bewertung einer Aussage.

Begonnen hatte alles damit, dass der Häftling sagte, er wolle besagten Sozialarbeiter sprechen. Es ist normalerweise nicht üblich, dass derartige Gespräche in den Zellen stattfinden, in diesem Fall war es allerdings so. Der Geiselnehmer überwältigte dort den Mann, setzte ihn auf einen Stuhl und fesselte ihn. Zusätzlich hängte er ein Kleidungsstück vor das vergitterte Fenster, damit die Vorgänge in der Zelle von außen nicht zu beobachten waren und der Raum zudem etwas abgedunkelt war. Um der Bedrohung zusätzlich Ausdruck zu verleihen, hatte sich der Geiselnehmer ein messerähnliches Werkzeug angefertigt.

Als das bemerkt wurde, wurde die Polizei alarmiert, und wir fuhren zu der Justizvollzugsanstalt, wo wir zunächst überlegten, wie wir am besten eine Kommunikation mit dem Mann aufnehmen.

In der Zwischenzeit hatte es bereits einen Kontakt zwischen dem Geiselnehmer und den Vollzugsbeamten gegeben. Dabei forderte der Geiselnehmer, dass die Klappe in der verschlossenen Zellentür geöffnet werden sollte.

In der Vollzugsanstalt angekommen, informierten wir uns zunächst über die Örtlichkeiten und dann über die Person des Geiselnehmers. Dabei erfuhren wir, dass diese Person schon vorher während ihrer mittlerweile gut neun Jahre dauernden Haftstrafe eine Geiselnahme durchgeführt hatte – damals hatte er eine Lehrerin als Geisel genommen, die den Häftlingen im Vollzug Bildung vermitteln wollte.

Es wurde schnell deutlich, dass es sich für den Geiselnehmer nicht um eine einmalige Ausnahmesituation handelte, sondern um ein Verhalten von ihm, um Probleme zu lösen oder eine aus seiner Sicht in gewisser Weise problematische Situation zu bewältigen. Das waren für uns sehr interessante und wichtige Informationen.

So haben wir dann durch die geöffnete Luke in der Tür das Gespräch mit dem Mann gesucht. Dabei stellte sich heraus, dass die Forderung des Geiselnehmers im Grunde recht simpel war: Er wollte mit seiner Freundin sprechen. Als wir daraufhin fragten, wo wir diese Freundin denn finden könnten, lautete die Antwort, dass die Frau ebenfalls in dieser Vollzugsanstalt eine Haftstrafe absaß – im Frauentrakt.

Normalerweise wird einer derartigen Forderung, mit einem oder einer Angehörigen sprechen zu wollen, nicht nachgekommen – einfach aus dem Grund, weil eine solche Situation ein zu großes Risiko birgt. Es ist meistens nicht bekannt, wie das Verhältnis zwischen dem gewünschten Angehörigen und der fordernden Person ist. Besteht ein Konflikt und soll das Aufeinandertreffen dem großen »Showdown« dienen oder will womöglich eine Person sich aus Rache am Angehörigen vor dessen Augen umbringen? Da diese Dynamiken schlecht kontrollierbar sind, stellen solche Situationen immer ein Risiko dar.

In diesem Fall jedoch haben wir als Polizei den Kontakt zu besagter Freundin aufgenommen und dabei versucht, sie einzuschätzen. Die Fragen in dem Zusammenhang lauteten vor allem, ob wir die Frau »leiten« können, ob sie also das tut, was wir von ihr erwarten, oder ob die ganze Sache zu einem Selbstläufer wird und nicht mehr kontrollierbar ist, wenn sie vor der Zellentür steht und mit ihrem Freund spricht. Das sind ebenso schwierige wie entscheidende Fragen. Denn entscheidet man sich dazu, diese Person hinzuzuziehen, dann muss weitgehend sichergestellt sein, dass sie keinen Unsinn macht. Es wäre schließlich fatal, wenn die Freundin den Geiselnehmer während ihrer Unterhaltung darüber informiert, wo genau sich beispielsweise Polizeikräfte vor Ort befinden.

Wir haben also mit dieser Freundin intensiv gesprochen, um zunächst die Frage zu klären, ob sie denn mit dem Geiselnehmer beziehungsweise ihrem Freund sprechen wolle. Dann galt es die schon angesprochene Frage zu klären, ob die Frau bei dem Gespräch in unserem Sinne handeln würde. Es ging um die Bewertung, ob die Frau tatsächlich so handeln wird, wie sie es uns gegenüber angegeben hat oder ob sie in der realen Situation dann doch anders agieren wird.

Es handelte sich nicht um die klassische Situation, eine Lüge über einen vergangenen Vorgang entlarven zu müssen. Die Frage lautete vielmehr, ob das Gesagte die Wahrheit in Hinblick auf einen in der Zukunft liegenden und damit noch ausstehenden Vorgang darstellt.

In dem Zusammenhang war wieder die Beurteilung wichtig, was wir in unserer Kommunikation tun können, damit sich das Gegenüber tatsächlich steuern lässt. Schließlich handelte es sich in diesem Fall um eine äußerst schwierige Ausgangssituation: Beide saßen sowieso in Haft und für beide bestand kein großes Risiko in Bezug auf die Folgen ihres möglichen Handelns. Wäre die Frau zu dem Geiselnehmer gegangen und hätte ihn womöglich darüber informiert, wo überall in der Justizvollzugsanstalt Polizisten in Stellung gegangen waren, hätte das kaum oder keine Auswirkungen auf ihre aktuelle Haftstrafe gehabt.

In dem Gespräch mit der Frau bestand daher noch mehr als in anderen Fällen die Frage, wie wir es hinbekommen können, dass sie wirklich so handelt, wie wir wollen, und auch das sagt, was wir als Polizei uns von ihr wünschen.

Das also war die eine wichtige Frage in dieser Situation, aber es war nicht unsere einzige Frage. Die zweite führt wieder zurück auf das Feld der Interpretation des Gesagten. Es ging um die Frage, ob wir ihr wirklich glauben können, wenn sie zu uns sagt, sie werde in unserem Sinne handeln.

Wir haben zunächst einmal einzuschätzen versucht, mit was für einer Person wir es wirklich zu tun hatten. Wie bei einer Strafgefangenen nicht unerwartet oder überraschend, war die

Frau sehr negativ gegenüber der Justiz und auch der Polizei eingestellt. Wenn wir einer solchen Person schlichtweg vermittelt hätten, sie könne zwar mit ihrem Freund sprechen, aber nur dann, wenn sie wirklich exakt das sagt, was wir von ihr erwarten, dann hätten wir den Versuch vermutlich gleich sein lassen können. Die Frau hätte bestenfalls den Kopf geschüttelt und sich verabschiedet.

Vor diesem Hintergrund der uns gegenüber ohnehin schon negativen Einstellung haben wir uns dann überlegt, ob es eine Möglichkeit sein könnte, wenn wir die Frau in gewisser Weise mitarbeiten ließen – in der Form, dass sie auch Vorschläge mit einbringen könnte und wir am Ende alle das Gefühl hatten, an der Strategie mitgewirkt zu haben. So kam es denn und ich habe mir von der Frau zusätzlich persönlich versprechen lassen, das Vereinbarte genau so umzusetzen.

So ein Versprechen ist natürlich nicht bei allen Menschen sehr viel wert, es stellt jedoch eine zusätzliche emotionale Bindung dar. Am Ende hat das, was wir besprochen haben, auch in der Umsetzung sehr gut funktioniert. Wir haben die Frau jedoch nicht alleine in die Situation geschickt, es stand vielmehr immer ein Kollege von uns neben ihr. Allerdings wollte der Geiselnehmer, dass eben dieser Kollege geht – vorher würde er nicht mit seiner Freundin sprechen. Das aber wollten wir wiederum nicht, woraufhin die Situation etwas eskalierte und der Geiselnehmer sehr emotional und aggressiv wurde.

Die Freundin allerdings überstand auch diese Momente sehr gut, und der weiterhin anwesende Kollege schaffte es schließlich, den Geiselnehmer wieder zu beruhigen.

Für den Geiselnehmer selbst stellte dieses Gespräch tatsächlich den Hauptgrund dar, weswegen er den Sozialarbeiter als Geisel nahm. Seine weiteren Forderungen wirkten fast lächerlich, standen aber ebenfalls in direktem Zusammenhang mit dem gewünschten Kontakt zu seiner Freundin. So forderte er beispielsweise einen Einkaufsgutschein für seine Freundin. (Auch in einer JVA kann man einkaufen. In einem kleinen Laden gibt es alles, was ein Häftling so zum Leben braucht: Tabak, Schokolade, Kaffee, Toilettenartikel ...) Diesen Gutschein hat er dann auch bekommen – um ihn seiner Freundin schenken zu können.

Man kann also durchaus sagen, der Anlass der Geiselnahme war vordergründig eher nichtig, in Wahrheit ging es natürlich um Macht und Manipulation, was jedoch nichts änderte: Die Situation bestand und musste bewältigt beziehungsweise gelöst werden. Denn vor allem für den an einen Stuhl gefesselten Sozialarbeiter waren diese Stunden alles andere als banal.

Nachdem der Geiselnehmer seine geforderten Waren erhalten hatte, hielt er sich an seinen Teil der Verabredung – was vor allem bedeutete, dass er seine selbst gebaute messerähnliche Waffe abgab. Bei dieser Gelegenheit konnte er festgenommen werden – während sich die Freundin weiter nahe an der Zellentür befand und sich fortan deutlich weniger kooperativ zeigte. In dieser Situation wurde sie beiseitegenommen, ihr Freund und Geiselnehmer wiederum festgenommen und der Sozialarbeiter aus seiner misslichen Lage befreit. Im Endeffekt war bei der gesamten Situation niemand verletzt worden und man könnte von einer Art Happy End sprechen.

Gerade die Kommunikation der Polizei mit der Freundin ist ein Beispiel dafür, wie bewusst Strategien überlegt werden, beziehungsweise wie man sich vor der Kommunikation überlegt, welches Ziel erreicht werden soll. Und zwar immer genau ausgerichtet auf die Person, mit der man es zu tun bekommt.

Was dazu auch noch zu sagen ist: Es gab in diesem Fall keine wie auch immer gearteten Versprechen an die Frau. Sie wurde also wirklich allein mit Worten von der Mitarbeit überzeugt, und nicht in der Form, dass ihr ihre Mitarbeit Vorzüge wie Hafterleichterungen oder Ähnliches einbringen würde. Und es gab auch kein Versprechen, dass sich ihre Mitarbeit positiv auf ihre Beurteilung oder die Verurteilung des Geiselnehmers auswirken würde.

Wir erklärten der Frau nur, dass sie durch ihre Mitarbeit helfen und eventuell etwas Schlimmes verhindern könne. Was tatsächlich ja auch der Realität entsprach. Wobei dieses Thema gerade für die beiden beteiligten Insassen der Vollzugsanstalt noch eine weitere Ebene besaß: Würde während der Geiselnahme wirklich etwas Schlimmes passieren, und käme vielleicht sogar ein Mensch zu Schaden, dann müsste sich der Geiselnehmer auf eine deutlich längere Haftstrafe gefasst machen. Was für das Pärchen bedeuten würde, dass beide auch deutlich länger warten müssten, bevor sie ihre Zweisamkeit gemeinsam in Freiheit genießen könnten.

■────────────────────────────────

Vor einer Kommunikation ...
sollte man sich überlegen, welches Ziel man erreichen will, und sich dann eine Strategie dazu überlegen – genau ausgerichtet auf die Person, mit der man es zu tun hat.

────────────────────────────────■

Die Einschätzung des Gesagten

In einem anderen Fall ging es um die Einschätzung des Wahrheitsgehaltes einer Äußerung beziehungsweise Drohung. Im Mittelpunkt stand ein Mann, der einen Richter und einen Justizangestellten bedrohte. Er war Italiener und hatte bereits gut zwei Drittel seines Lebens in Gefängnissen verbracht. Als Jugendlicher hatte er sein erstes Tötungsdelikt begangen. Nachdem er diese Strafe abgesessen hatte, war er wieder straffällig und erneut verurteilt worden. Was sich in seinem Leben dann in ähnlicher Form regelmäßig wiederholte. In der langen Liste der Straftaten fand sich unter anderem auch ein tätlicher Angriff auf eine Polizistin – als Rache für einen Freund, der sich von dieser Polizistin ungerecht behandelt gefühlt hatte.

Dieser Mann aus Italien wurde an der grünen Grenze auf deutschem Hoheitsgebiet aufgegriffen; dabei wurde festgestellt, dass er in Deutschland noch eine Geldstrafe zu zahlen hatte. Es handelte um keine so hohe Summe, der Mann aber sah die Zahlung der Summe nicht ein und verweigerte sie. Stattdessen ging er lieber in die Ersatzhaft. (Das ist eine von einem Gericht verhängte Freiheitsstrafe, wenn eine Person eine Geldstrafe nicht begleichen kann oder will.) Die Anordnung dieser Strafe bekam der Mann dann auch schriftlich.

Wesentlich dabei war der Umstand, dass ein solches Schreiben von einem Richter unterschrieben ist, außerdem ist auf einem solchen Schriftstück auch immer der Name des zuständigen Sachbearbeiters vermerkt. Ein vollkommen normaler Vorgang also, nur handelte der Mann aus Italien anders als unzählige Personen vor ihm, die ähnliche Schriftstücke erhalten hatten. Für ihn wurden die beiden namentlich auf dem Schriftstück erwähnten Personen zu Hassobjekten beziehungsweise zu einer neuen Fixierung.

In der Folge erhielten der Richter und der Sachbearbeiter Drohbriefe, in denen beiden explizit mit dem Tod gedroht wurde. Diese Briefe waren noch aus dem Justizvollzug geschrieben, was dazu führte, dass der Mann gar nicht erst aus dieser Ersatzhaft entlassen wurde, sondern man ihn direkt in die Untersuchungshaft überstellte. Bald wurde dann auch ein neues Verfahren eröffnet und das Gericht verurteilte den Schreiber der Drohbriefe zu einer Haftstrafe.

Aber auch diese Haft war irgendwann um, und kurz vor seiner Entlassung wurde von uns eine sogenannte Gefährderansprache bei dem Mann durchgeführt. Eine solche Ansprache soll einem potenziellen Gefährder signalisieren, dass sein bedrohliches Verhalten durchaus ernst genommen werde und außerdem vonseiten der Polizei ein Interesse an seiner Person beziehungsweise seinem Verhalten vorläge.

Während dieser Ansprache bestätigte der Mann einmal mehr sein Vorhaben. Zwar hat er nicht mehr so explizit wie zuvor gedroht, da er ja schließlich aus dem Gefängnis entlassen werden wollte. Trotzdem wurde deutlich, wie sehr das Thema in seinem Kopf weiterhin präsent war. Hatte er vor seiner Verurteilung noch davon gesprochen, dass bei ihm das Motto *ein Mann, ein Wort* gelte, und er daher seine Pläne auch ausführen würde, sagte er nun, er sei jemand, der nichts vergesse – ohne allerdings die Todesdrohungen noch einmal konkret zu wiederholen.

In der Folge kam er nicht in Freiheit, sondern wurde in sein Heimatland abgeschoben, da er dort wegen einer anderen Tat noch eine Restfreiheitsstrafe abzusitzen hatte. Allerdings präsentierte sich der Mann in Italien als vorbildlicher Häftling und man entließ ihn vorzeitig aus der Haft.

Auf der deutschen Seite ging daraufhin die Angst um und entsprechende Sicherheitsmaßnahmen wurden eingeleitet. Der bedrohte Richter hatte inzwischen die Stadt und damit auch das Gericht gewechselt, an dem er tätig war, weil er die Situation und vor allem die Angst auch innerhalb seiner Familie nicht mehr ertragen konnte. Der entlassene Sträfling wusste von diesem Ortswechsel zwar nichts, seine ursprünglichen Pläne hatte er jedoch immer noch nicht vergessen. Schließlich wurde er erneut festgenommen.

Interessant ist dieser Fall aus psychologischer Sicht vor allem hinsichtlich der Einschätzung des Wahrheitsgehaltes dessen, was diese Person erzählte. Dabei ging es auch um die Mutmaßung, dass sich dieser Mann in Gefängnissen wirklich wohlfühlte, weil er in seinem Leben im Grunde wenig anderes kennengelernt hatte. Was dann wieder zu der Frage führte, ob nicht auch die Todesdrohungen nur ein Mittel waren, um an einen solchen Ort zurückkehren zu können. Denn im Gefängnis erwartete ihn eine sehr strukturierte Umgebung, mit der er sich auskannte. Als gelernter Koch fand er hinter den Gefängnismauern auch die Möglichkeit, wieder arbeiten zu können. Außerdem machten ihn seine Taten und die lange Gefängniskarriere zu jemandem mit einem gewissen Status innerhalb eines Gefängnisses.

Es bestand nun also die Frage, ob es dieser Person wirklich um ein ihr vermeintlich geschehenes Unrecht ging oder ob es einen ganz anderen Hintergrund für die wiederholten Todesdrohungen gab – nämlich schlichtweg den, dass er wieder in ein Gefängnis wollte. Was er natürlich auch wesentlich einfacher hätte haben können, indem er eine offensichtliche Straftat beging und sich dabei erwischen ließ.

Es musste also eingeschätzt werden, um was für einen Menschen es sich bei dieser Person eigentlich handelte. Will dieser Mensch so gesehen werden, oder ist er auch tief in sich wirklich so, wie es den Anschein hatte? Dabei ging es gar nicht allgemein darum, ob dieser Mensch dazu fähig wäre, einen anderen Menschen zu töten. Dass er dazu fähig war, das zeigte seine Vergangenheit ja sehr deutlich, er hatte genau das bereits bewiesen.

Die Frage war vielmehr die, ob er in diesem Fall tatsächlich wahr werden lassen würde, was er dem Richter und dem Justizsachbearbeiter androhte, oder ob das nur zu einem Bild gehörte, das er von sich zeichnen wollte.

Wieder ging es für uns um Strategien der Wahrheitsfindung. Wir mussten ermitteln, was wahr und authentisch, und bei welchen Aussagen genau das nicht der Fall war.

Im Endeffekt sind wir bei diesem Mann zu dem Schluss gekommen, dass bei ihm eine ganz bestimmte Persönlichkeitsstruktur vorlag. Es handelte sich um einen Menschen, dem es um den eigenen Vorteil ging und dem auch die Manipulation anderer nicht fremd war. Was nicht zu einer eher psychopathischen Struktur passte, war der Wunsch, tatsächlich etwas zu tun, wenn er es denn einmal versprochen hatte. Psychopathische Menschen handeln durchweg und allein zu ihrem eigenen Vorteil. Dieser Mann allerdings hatte, wie schon erwähnt, eine Polizistin angegriffen, um für einen seiner Freunde die Gerechtigkeit wiederherzustellen – was ein echter Psychopath sicher nicht tun würde. So kamen wir zu dem Schluss, dass es sich bei ihm eher um eine Mischung verschiedener Persönlichkeitseigenschaften handelte. Ebenso, dass sich dieser Mann in Gefängnissen wirklich wohlfühlte. Zum Dritten, dass das Bild, das dieser Mann von sich zeichnete, authentisch war. Er glaubte tatsächlich an die Richtigkeit des Vorhabens, genau das zu tun, was man einmal gesagt hat. Das Lebensmotto dieser Person kann man etwa so zusammenfassen:»Menschen müssen dafür büßen, wenn sie mich einmal ungerecht behandelt haben.«

Wir kamen zu der Überzeugung, dass dieser Mann all das authentisch gedacht und auch gelebt hat. Der Fall endete vorerst mit der erneuten Abschiebung des Mannes in seine italienische Heimat.

Wichtig für die Einschätzung des Gesagten:
- Persönlichkeitsstruktur des Gegenübers
- bisherige Taten und Handlungen des Gegenübers

Was wir sagen – und wie wir es sagen

Wenn es um die Interpretation von Kommunikation oder Handlungen geht, dann geht es nicht immer nur um die Interpretation von Worten oder Taten anderer. Es geht auch um unseren Einfluss darauf, wie unsere eigenen Worte und Handlungen auf- beziehungsweise wahrgenommen werden. Deutlich wird das in einem weiteren Fall, den ich hier stellvertretend beschreiben möchte.

In diesem Fall geht es um eine zu vernehmende Frau, die als sehr sensible Person eingestuft wurde. Sie konnte mit Konflikten schlecht umgehen und war sehr nach außen und an der Meinung anderer Menschen orientiert. Die Essenz dieser und weiterer Erkenntnisse bestand in der Überzeugung, dass bei dieser Person während einer Vernehmung mit dem Ausüben von Druck keine Fortschritte zu erzielen wären. Diese Fortschritte würden im Rahmen einer Vernehmung nur mithilfe von viel Empathie zu erzielen sein. Das zu wissen, war bedeutsam, da wir so auch wussten, dass der Ermittler, mit dem ich zusammenarbeitete, darauf angewiesen wäre, dass sich diese Person in der Vernehmung auf ihn einlässt.

Der Fall, der sich dahinter verbarg, war erneut ein Fall von Neonatizid, also die Tötung eines Neugeborenen. Die Frau war nicht irgendeine Zeugin, sie war die Beschuldigte. Wird jemand mit diesem Beschuldigtenstatus vernommen, dann muss gleich zu Beginn auch ein Satz gesagt werden, den wohl jeder Mensch schon einmal in einem Kriminalfilm gehört hat: »Sie werden beschuldigt ... Sie haben das Recht zu schweigen ...«

Wichtig dabei ist jedoch nicht nur das so oft zitierte Recht zu schweigen, in der Realität wesentlich relevanter ist für die Polizeiseite das Aussprechen des eigentlichen Vorwurfs. Es muss also deutlich gesagt werden, welcher Tat ein Mensch beschuldigt wird. Das ist Pflicht. Würde genau das nicht ausgesprochen, dann wäre die gesamte Vernehmung rechtlich am Ende nichts wert, das heißt, sie wäre ungültig.

In diesem Fall war wie gesagt von vornherein klar, dass man die Person grundsätzlich nur über Empathie und damit über den Aufbau von Vertrauen zu einer verwertbaren Aussage würde bringen können. Ähnlich klar war jedoch: Zu einer solchen Aussage würde es gar nicht erst kommen, wenn am Anfang der Vernehmung der Schuldvorwurf in all seiner Krassheit klar ausgesprochen wird. Denn ein Satz wie »Ihnen wird vorgeworfen, Ihr eigenes Kind kurz nach der Geburt getötet zu haben« ist eben an Deutlichkeit kaum zu überbieten. Anders gesagt, standen wir vor einem Dilemma.

Dies wissend, übten der Vernehmer und ich über Stunden, wie sich dieser eine Satz empathisch aussprechen ließe. Was eine durchaus interessante Erfahrung darstellte, weil es eben alles andere als einfach ist, diesen einen Satz mit Sensibilität und Einfühlungsvermögen auszusprechen.

Der Weg zur Lösung bestand darin, das Wertschätzende und Empathische dem anderen Menschen gegenüber über die Stimme beziehungsweise die Stimmmodulation zu transportieren. Inhaltlich musste alles völlig klar bleiben, weil der Vorwurf eben auch keine Möglichkeiten der Variation bot – es gab schlichtweg nichts, was sich in irgendeiner Form beschönigen ließ. Nach den Stunden des gemeinsamen Ausprobierens hat es dann aber so funktioniert, wie wir es uns vorstellten: Der Vernehmer konnte den Satz so aussprechen, dass er die gewünschte Wirkung auf die Beschuldigte erzielte. Sie hat nicht gleich zugemacht, sich also nicht sofort zurückgezogen, sondern blieb vorerst emotional und inhaltlich in der Vernehmung. Mehr wollten wir gar nicht erreichen. Viel Aufwand für einen geringen Output, der sich allerdings oftmals am Ende lohnt.

Auch bei diesem Beispiel ging es um den bewussten Umgang mit der eigenen Kommunikation. Im Alltag ist es so, dass beispielsweise zehn Menschen einen inhaltlich vollkommen identischen Satz aussprechen, er aber jedes Mal unterschiedlich aufgenommen wird – weil er von jeder Person unterschiedlich ausgesprochen wird. Daher ist es für jeden Menschen sinnvoll, sich mit diesem Thema zu beschäftigen. Der bewusste Umgang mit der eigenen Kommunikation lässt uns in gewissem Maße steuern, was unsere Aussagen bei einem Gegenüber letztlich bewirken.

In diesem speziellen Fall wurde vor allem auf die Stimmlage geachtet, auch die Betonung war ein Thema. Hinzu kam auch hier das nonverbale Verhalten. Der Vernehmer musste also lernen, den Satz mit der geübten Stimmlage und Betonung auswendig zu sprechen, und er musste auch üben, der Beschuldigten dabei in die Augen zu schauen.

Üblicherweise handelt es sich bei dieser Situation um nichts anderes als einen formellen Akt im Rahmen einer Vernehmung. Der Vernehmende leiert normalerweise den Satz mit der Beschuldigung im Grunde nur herunter, schaut dann vielleicht kurz auf, und setzt seine Worte fort mit dem schon erwähnten: »Sie haben das Recht ...«

Nur ist genau das ungünstig, wenn man es mit einer sensiblen Persönlichkeit zu tun hat. Es wäre ungünstig, den Tatvorwurf einfach herunterzuleiern, es wäre auch ungünstig, das Gegenüber dabei nicht anzuschauen, und nicht zuletzt wäre es ungünstig, all diese Worte kalt und vorwurfsvoll auszusprechen. Genau deswegen haben wir in diesem Fall trainiert, die Worte nicht derart kalt und vorwurfsvoll auszusprechen, der Vernehmende hat die Beschuldigte angeschaut und zudem die Hände auf den Tisch gelegt.

Damit es nicht falsch verstanden wird: Es ging nicht darum, vonseiten des Vernehmenden Mitgefühl zu heucheln. Er sollte auch nicht so tun, als wäre es ihm unangenehm, diese Worte überhaupt auszusprechen. Er war der Vernehmer und er hatte selbstverständlich diese Rolle auszufüllen. Daher sollte er der Beschuldigten auch nicht das Gefühl vermitteln, die Tat sei im Grunde halb so schlimm. Aber er sollte und wollte eben dafür sorgen, dass sich diese Beschuldigte nicht schon nach diesen einleitenden Worten vollkommen verschließt, was eine Aufklärung der tatsächlichen Tatumstände deutlich erschweren würde.

Das Kommunikationsverhalten des Vernehmers entfaltete dann teils auch die erhoffte Wirkung. Die Frau ließ sich zumindest teilweise auf den Vernehmenden ein, beharrte am Ende jedoch darauf, sich an die Tat an sich nicht erinnern zu können. Sie räumte dann ein, die Tat sei wohl wie vermutet abgelaufen – wenn alle das sagten, dann sei es wohl auch so gewesen.

Diese fehlende Erinnerung mag wie eine Ausflucht wirken, tatsächlich aber ist es möglich, dass sich Menschen auch an eine solch drastische Handlung wie die Tötung eines Neugeborenen nicht mehr wirklich erinnern können – weil es sich um eine Ausnahme-, Schock- oder Trauma-Situation handelt. Bei der fehlenden Erinnerung kann es sich zwar durchaus auch um eine Schutzbehauptung handeln, sie kann aber ebenfalls tatsächlich der Wahrheit entsprechen.

In diesem Fall lag die Tat an sich schon mehrere Jahre zurück, die Überreste des getöteten Säuglings waren erst viel später aufgefunden worden. Die Frau konnte also inzwischen tatsächlich Details vergessen haben.

Hinzu kommt, dass es immer auch auf das Verhalten nach der Tat ankommt. Gab es etwa ein auffälliges »Nach-Tat-Verhalten«, d.h., wurden diverse Bemühungen angestellt, um das Tatgeschehen zu verwischen? Dann wäre es eher unwahrscheinlich, dass ein Täter oder wie in diesem Fall eine Täterin sich wirklich an nichts mehr erinnern kann. Gab es hingegen wenig Nach-Tat-Verhalten und die Frau hatte im Grunde die Baby-Leiche nur abgelegt, dann wäre das weitgehende Fehlen von Erinnerungen durchaus im Bereich des Vorstellbaren.

Dass das Thema Neonatizid an dieser Stelle schon zum zweiten Mal zur Sprache kommt, kommt übrigens nicht von ungefähr. Die Tötung von Neugeborenen ist nicht so selten, wie mancher es sich erhofft. Es handelt sich um ein Phänomen, das auch in Deutschland immer wieder vorkommt. Inzwischen existieren auch mehrere Untersuchungen zu der Frage, warum Frauen solche Taten begehen. Mit der Einrichtung von sogenannten Babyklappen versucht man schon seit längerer Zeit, dem Phänomen beziehungsweise Problem zu begegnen. Frauen können dort ihr Neugeborenes anonym ablegen, und wissen es gleichzeitig auch geschützt. Ebenfalls gibt es die Praxis der anonymen Adoptionen: Frauen haben die Möglichkeit, in Krankenhäusern anonym zu entbinden, und das Kind dann zur Adoption freizugeben. Dies führt zu der Frage, warum trotzdem immer noch und immer wieder Frauen ihre Neugeborenen töten, obwohl diese Möglichkeiten bestehen. Ein Fakt ist sicher der, dass es Frauen gibt, die ihre eigene Schwangerschaft vollkommen verdrängen. Genau deswegen setzen sie sich auch nie mit der Frage auseinander, was nach der Geburt mit dem Kind geschehen soll und ob sie es eventuell zur Adoption freigeben wollen. Vielmehr ist das Kind nach Monaten der Verdrängung plötzlich da, was wiederum eine psychische Ausnahmesituation zur Folge hat. Insgesamt handelt es sich bei Neonatizid um ein psychologisch recht schwieriges Feld.

Wir können Einfluss darauf nehmen, wie unsere eigenen Worte und Handlungen auf- und wahrgenommen werden: durch Stimmlage, Betonung, nonverbales Verhalten.

Wir können versuchen, auf die Bedürfnisse unseres Gegenübers einzugehen.

Die Hintergründe von Veränderungen

Die Festnahme eines Drogendealers mag gerade aus dem psychologischen Blickwinkel zunächst nicht sonderlich spektakulär wirken. Doch erinnere ich mich an einen Fall, der im Grunde beispielhaft all das bisher Beschriebene über Selbstreflexion, die Gestaltung einer Situation und auch deren Interpretation noch einmal sehr gut zusammenfasst.

Der Fall, von dem ich berichten möchte, handelt von der Festnahme eines Mannes, der in relativ großem Stil die Droge Crystal Meth verkauft hatte, die besonders im Osten

Deutschlands inzwischen zu einem echten Problem geworden ist. Der Mann war zwar kein wirklicher Drogenboss,
aber er war auch nicht einfach nur irgendein kleiner Dealer.
Er war jemand, den man in der Mitte der Hierarchie einordnen kann. Er bekam die Droge zugeliefert und verteilte sie
dann weiter an verschiedene kleinere Sub-Dealer.

Dieser Mann war damals aufgeflogen und festgenommen
worden, deswegen wurde er von der Polizei vernommen.
Bei dieser Vernehmung hat der Dealer anklingen lassen, er
wolle reden. Er würde auch die Namen weiterer Person nennen, die in die Drogengeschäfte verstrickt waren. Vor allem
ging es um Namen der oberen Hierarchie-Ebene. Seinen Angaben zufolge kannte er nicht nur Namen, er kannte auch
Abläufe und weitere für die Polizei interessante Fakten.

Für die Nennung dieser Details verlangte er im Gegenzug
die Garantie für ein gemindertes Strafmaß sowie die Garantie für Schutz. Von Polizeiseite aus war man bereit, darauf
einzugehen, aber bevor man zusagte, wollte man ihn zunächst einmal anhören – auch um zu erfahren, was der Mann
denn überhaupt wusste und was er zu sagen hatte. Sollte
sich daraus eine tatsächliche Gefährdung seiner Person ergeben, sollte der Mann dann auch den angesprochenen
Schutz bekommen.

Dieser Punkt der tatsächlich vorliegenden Bedrohungs-
beziehungsweise Gefährdungs-Situation des Dealers wurde
von den beteiligten Beamten zumindest bezweifelt. Was der
Mann im Rahmen seiner Aussagen berichtete, bewegte sich
zudem in einer Art luftleerem Raum. Zwar ließen sich inhaltliche Fakten überprüfen und dann auch bestätigen. Die genannten Namen hielten der Überprüfung ebenfalls stand,

auch die Angaben zu Abläufen stimmten mit der Realität überein. In einem Punkt aber war man sich auch nach seiner Aussage immer noch nicht sicher: ob für den Mann wirklich eine Bedrohungs-Situation vorlag. Hierfür gab es keine Beweise, sondern nur die Schilderungen des Mannes. Vielleicht hatte sich der Dealer eine mögliche Bedrohung einfach nur ausgedacht, um einen besonderen Schutz zu erhalten. Dieser Verdacht bestand zumindest.

Das war dann der Punkt, an dem ich hinzugezogen wurde – weil es darum ging, den Mann als Person einzuschätzen und herauszufinden, ob an den Angaben zu einer Bedrohung etwas dran war oder nicht.

Der Mann hatte in Zusammenhang mit der vermeintlichen Bedrohung unter anderem angegeben, dass das Schloss seiner Wohnungstüre aufgebrochen worden sei. Als diese Angabe allerdings von der Polizei überprüft worden war, waren an der Tür beziehungsweise am Türschloss keine Spuren eventueller Aufbruchsversuche festzustellen. Der Mann erklärte dazu, er habe von dem Einbruchsversuch erst einige Tage nach dem tatsächlichen Vorfall berichtet, in der Zwischenzeit wären bereits alle Spuren beseitigt worden, weil man die Tür mittlerweile schon repariert habe. Dies schien der Polizei eher unwahrscheinlich.

Der Mann berichtete außerdem, ihm seien Briefe in den Briefkasten geworfen worden und in einem dieser Briefe hätte gestanden, er sei im Grunde schon tot. Mit diesem Brief verhielt es sich allerdings ähnlich wie mit den Aufbruchspuren an der Haustür: Es gab ihn nicht mehr. Dass es wiederum zu entsprechenden Drohungen gekommen sein könnte, das erschien wiederum nicht unwahrscheinlich.

Denn dass eine Person festgenommen wurde und von der Polizei verhört wird, ist ein Fakt, der sich innerhalb der Szene in kürzester Zeit verbreitet. Und zwar auch ohne dass klar ist, ob eine Person womöglich eine andere *verraten* hat oder nicht. Vor einem solchen Hintergrund ist auch eine rein prophylaktisch ausgesprochene Warnung nicht unüblich. Der Person wird so vermittelt, sie möge bloß nichts ausplaudern.

Was der Mann also an Bedrohungspotenzial nannte, war grundsätzlich vorstellbar, nur fand sich auf der anderen Seite nichts, was ein derartiges Szenario stützte. Genau das war das Problem an diesem Fall.

Es folgte eine weitere Vernehmung, in der der Dealer noch einmal all seine Angaben wiederholen beziehungsweise auch erläutern sollte. Ich war bei dieser Vernehmung anwesend, war jedoch inhaltlich nicht beteiligt – mir fiel ein reiner Beobachtungsstatus zu. Was allerdings kein Nachteil war, denn wie schon in früheren Kapiteln erläutert, hat man die besten Chancen, den Inhalt und auch die Situation zu bewerten, wenn man sich auf genau das konzentrieren kann und keine weiteren Aufgaben wie etwa das Stellen von Fragen oder die Anfertigung eines Protokolls übernehmen muss.

Das primäre Ziel dieser erneuten Vernehmung bestand darin, den Mann möglichst viele Informationen produzieren zu lassen, er sollte möglichst viel mit möglichst zahlreichen Details berichten. Er sollte erzählen, was ihm alles geschehen ist und was an welchen Zeitpunkten passiert ist. Der Plan bestand zudem darin, ihn zuvor auch recht viel über andere

Dinge aus seinem Leben berichten zu lassen – wieder, um die schon mehrfach erwähnte Basislinie im Verhalten der Person zu bestimmen, auf deren Grundlage dann ein möglicherweise anderes Verhalten bei einer Lüge analysiert werden sollte. Es ging dabei um sein früheres Leben, um Angaben zu der Familie, aus der er stammte.

Über all das hat der Mann dann auch ausgiebig berichtet. Vor allem hat er recht flüssig und umfangreich erzählt, und er war dabei sehr entspannt, wie seine zurückgelehnte Sitzposition, Tonfrequenz und Atmung schlussfolgern ließ. Bald besaßen wir daher auch eine insgesamt gute Basis für die Analyse seiner folgenden Aussagen.

Im weiteren Verlauf der Vernehmung ließen wir den Mann dann noch einmal über die Umstände seiner Festnahme berichten. An diesem Punkt änderte sich das Erzähl-Verhalten bereits ein wenig. Er überlegte nun merklich mehr, bevor er etwas aussprach, er redete also bereits nicht mehr so schnell und flüssig, wie es zuvor noch bei den eher allgemein gehaltenen Themen der Fall gewesen war.

Nichtsdestotrotz blieben die Erzählungen auch jetzt noch sehr detailreich und sie blieben vor allem auch nachvollziehbar. Was darauf schließen ließ, dass sich hinter dem Bericht auch eine reale Grundlage verbarg. – Was wiederum schon überprüft worden war.

Ich als Beobachterin hatte eine bequeme Position, denn ich wusste bereits, dass es sich bei weiten Teilen des Erzählten um die Wahrheit handelte. Trotzdem konnte ich feststellen, dass bereits das Thema seiner Verhaftung eines war, das ihn ein wenig aus seiner zuvor äußerst entspannten Haltung geholt hatte. Es war also auch hilfreich, ihn in dieser Erzähl-situation beobachten zu können.

Nun folgte der Einstieg in die sogenannte heiße Phase. Der Mann sollte noch einmal jene Situationen darstellen, in denen er sich bedroht gefühlt hatte. Es ging dabei um Fragen wie die, wer ihn bedroht hätte und was diese Personen getan hätten.

In dieser Phase änderte sich sein Erzähl-Verhalten noch einmal vollkommen. Nachdem er zuvor doch immer noch recht ruhig war und nur ab und zu eine Zigarette rauchte, griff er nun erst einmal direkt zu einer Zigarette. Auch seine Körperhaltung änderte sich. Saß er bislang entspannt da und wippte auch mit den Beinen, wurde seine Haltung nunmehr regelrecht starr, auch das Wippen hörte auf und insgesamt war kaum noch Bewegung in seinem Körper zu registrieren. Seine Erzählweise änderte sich ebenfalls. Die Worte kamen eher monoton aus seinem Mund, gleichsam war zu erkennen, wie bei ihm innerlich ein hoher Aktivitäts-Level herrschte. Er rauchte, seine Augen blickten fahrig hin und her. Alles in allem ließ sich sagen, dass sich bei dem Thema der Beschreibung der Bedrohung definitiv etwas verändert hatte.

Die große Frage war in dem Zusammenhang nun die, ob er die Vorgänge in seinem Kopf konstruierte und sich daher stark konzentrieren musste, damit die Erzählung in den Einzelheiten mit seinen früheren Aussagen übereinstimmte. Das wäre die eine Möglichkeit gewesen, die die Veränderungen in seinem Verhalten wie auch in seiner Erzählweise erklärt hätte. Die andere Möglichkeit wäre gewesen, dass es in der Realität wirklich eine Situation oder auch mehrere Situationen gegeben hatte, die ihm Angst machten. Was sich ebenfalls in der Körperhaltung und in seiner Art, die Geschehnisse vorzutragen, hätte niederschlagen können.

Genau diese beiden Seiten beziehungsweise Möglichkeiten für Verhaltensänderungen sind der Grund, warum ich diesen Fall hier erwähne. Denn die beschriebenen Veränderungen sind hier im Grunde der Knackpunkt.

Fakt war: Es war ganz deutlich eine Veränderung aufgetreten. Tritt eine solche Veränderung auf, dann muss man als geschulter Beobachter an genau dieser Stelle bleiben und noch einmal hinter die Fassade der Möglichkeiten blicken. Man muss versuchen herauszufinden, was der wahre Hintergrund der Veränderungen ist. Denn was wir in dem Augenblick, in dem es zu einer solchen Veränderung kommt, nicht wissen und nicht wissen können, das ist die Antwort auf die Frage, ob es sich beim Gesagten um eine Lüge handelt, oder ob es einen anderen Grund gibt, der in der Person Stress verursacht.

Wir konnten also nicht gleich von Beginn an auf das eine oder andere schließen, und damit die zweite mögliche Variante vollkommen ausschließen. Wären wir auf Basis der veränderten Reaktionen direkt zu dem Schluss gekommen, alles sei eine Lüge und es habe gar keine Bedrohungslage gegeben, dann wäre das einfach sehr kurz gedacht gewesen.

In der realen Situation unterbrachen wir die Vernehmung erst einmal und legten eine Pause ein. Während dieser Pause habe ich mich mit den Vernehmern besprochen. Ich habe vorgeschlagen, bei der Fortsetzung der Vernehmung an genau dieser Stelle zu bleiben – was den Vernehmern ebenfalls klar war. Auch ihnen war aufgefallen, wie sich an dieser Stelle der Aussage etwas verändert hatte.

Gemeinsam überlegten wir uns dann Strategien, wie wir genau an diesem Punkt mehr Klarheit über die wahren Hintergründe der Veränderungen gewinnen konnten. Eine Maßnahme bestand darin, dass wir die Chronologie der Ereignisse verändern wollten. – Wie Sie sich erinnern, habe ich bereits in einem anderen Fall die Tatsache erwähnt, dass es Menschen schwerfällt, eine erfundene Geschichte in einer anderen Abfolge als der ursprünglich erdachten darzulegen.

In der Erzählung des Mannes gab es im Grunde drei Fixpunkte in seiner Story, an denen er sich festgehalten hatte: Es gab erstens die Personen, die in seine Wohnung eingebrochen sein sollten, zweitens wollte der Mann einen Drohbrief in seinem Briefkasten gefunden haben, und drittens gab es noch eine Aussage, dass er sich auf der Straße beobachtet fühle. Wobei Punkt drei ohnehin schon eher schwammig erzählt worden war.

Wir sagten uns nun, dass wir die Chronologie vertauschen wollten. Die Vernehmer sollten also mit dem letzten der drei Themen beginnen, dann vielleicht zum ersten wechseln. Auch die Inhalte sollten in sich in ihrer Chronologie verändert werden. Der vermeintliche Einbruch sollte also nicht mit dem Aufbrechen der Tür beginnen, vielmehr sollte die Szene danach einsetzen. Die Vernehmer würden also beispielsweise sagen, der Mann solle sich vorstellen, die beiden Einbrecher seien bei ihm in der Wohnung gewesen, inzwischen jedoch hätten sie die Räume bereits wieder verlassen. Der Vernommene würde also mehr oder minder geschockt auf der Couch sitzen. Von dieser Situation an sollte er sich nun im Rahmen der Vernehmung Schritt für Schritt thematisch zurück zum Beginn arbeiten. Dabei wurde er durch Fragen der Vernehmer angeleitet, um in einen gewissen Erzählfluss kommen zu können.

Neben der veränderten Chronologie wurde vorab auch besprochen, dass die Vernehmer erneut Details abfragen sollten, die sie zuvor schon einmal abgefragt hatten und die auch schon in Schriftform vorlagen, sodass man die Antworten direkt vergleichen konnte. Bei diesen abgefragten Details ging es beispielsweise um Uhrzeiten oder auch um die Farbe einer bestimmten Baseball-Kappe, die einer der beiden vermeintlichen Einbrecher getragen haben sollte. Auch in Hinblick auf den möglicherweise imaginären Drohbrief im Briefkasten wurde nach solchen Einzelheiten gefragt. So wollten die Vernehmer wissen, auf welche Art und Weise besagter Brief denn geschrieben worden war: am Computer oder mit der Hand, und wenn tatsächlich mit der Hand, war er dann mit Kugelschreiber, Füllhalter oder Filzstift niedergeschrieben worden? Die Antwort des Mannes auf diese letzte Frage lautete, der Brief sei mit schwarzem Filzstift geschrieben worden.

Diese Fragen nach Einzelheiten hatten den Zweck, dass man die neuen Antworten noch einmal mit den vorherigen Antworten abgleichen konnte. Auch natürlich vor dem Hintergrund, es würde eventuell Hinweise darauf geben, dass bestimmte Details bei der ersten Aussage zum Thema eventuell kurzfristig konstruiert worden waren. Ein Hinweis auf eine solche schnelle Detail-Konstruktion in einer Verhör-Situation wäre es, wenn dem Mann diese ad hoc entstandenen Inhalte bei dem zweiten Verhör nicht mehr einfallen würden – weil der Inhalt eben kurzfristig nur für die eine Situation ausgedacht wurde und damit keinen realen Hintergrund hatte, auf den das Gedächtnis zurückgreifen konnte.

Noch etwas wurde vorab besprochen: Wenn all diese Punkte abgeschlossen sein sollten und der Mann immer noch einen äußerst angespannten Eindruck auf die Vernehmer machen würde, dann sollte er von diesen genau darauf angesprochen werden: Indem man etwa zu dem Mann sagt, man hätte durchaus gemerkt, dass ihn bestimmte Themen oder Fakten besonders beschäftigen würden und dass er auch entsprechend darauf reagieren würde – man wollte also an- und aussprechen, was einem aufgefallen war. So wurde es dann auch umgesetzt.

Während der Vernehmung wurde durchaus registriert, wie sehr der Mann mit besagter Chronologie Schwierigkeiten hatte – speziell wenn es darum ging, diese Chronologie zu verändern beziehungsweise die zeitlichen Abläufe umzukehren. Diese Schwierigkeiten jedoch führten aufseiten der Vernehmer nicht sofort zu der Überzeugung, der Mann hätte gelogen.

Vielmehr war schwer zu unterscheiden, ob der Mann gelogen hat oder ob er von seiner intellektuellen Leistungsfähigkeit her nicht in der Lage war, Ereignisse oder zeitliche Abfolgen in seinem Kopf zu bewegen. Zudem erweckte der Mann den Eindruck, er würde wirklich nicht verstehen, warum wir genau diese Fragen noch einmal an ihn stellten. Er wusste, dass wir ihn zum Thema bereits befragt hatten, aber er wusste nicht, warum wir mit unseren Fragen das Ganze in anderen zeitlichen Abläufen hören wollten. – Was dann auch dazu führte, dass er im Rahmen seiner Erzählung immer wieder hängen blieb und in der Folge immer wieder dazu über ging, das jeweilige Thema in der ihm geläufigen Form wiederzugeben – nämlich von vorne nach hinten.

Mein persönlicher Eindruck war nicht der, dass wir ihn über seine Probleme beim Wiedergeben einer veränderten Chronologie nun einer Lüge überführt hätten, sondern dass er vielmehr rein intellektuell Probleme bei der Umsetzung der entsprechenden Vorgaben hatte. Was ebenfalls eine interessante Erkenntnis darstellte.

Bei den zuvor schon erwähnten Fragen nach verschiedenen Details zeigte sich der Mann dagegen recht sicher und konnte Einzelheiten reproduzieren – auch wenn es etwa bei Fragen nach Uhrzeiten einige kleinere Abweichungen gab. Aber auch die hielten sich in einem Rahmen, der nicht dazu führte, dass wir uns sicher sein konnten, von ihm belogen worden zu sein.

Dann allerdings wurde er darauf angesprochen, wie deutlich er sich in seinem Verhalten veränderte, sobald das Thema auf die von ihm selbst berichtete Bedrohungssituation kommt. Einer der Vernehmer erklärte auch unmissverständlich, er könne dem Mann seine Geschichte irgendwie nicht abnehmen. Er bat außerdem darum, dass der vermeintlich gefährdete Dealer ihm irgendeinen Fakt geben sollte, der ihn überzeugen würde, dass an all dem wirklich etwas Wahres dran sei.

Erstaunlicherweise war exakt das der Punkt, an dem der Mann dann einknickte. Er dachte sich nicht erneut ein leidlich realistisch erscheinendes Szenario aus, das die Vernehmer vom Wahrheitsgehalt seiner Aussagen überzeugen sollte. Vielmehr rückte er nun mit der *wirklich wahren Wahrheit* heraus: Er gab an, das Gros seiner Aussagen habe zwar tatsächlich einen wahren Hintergrund, doch der Einbruch in seine Wohnung entspreche nicht der Wahrheit. Er habe eines Tages jedoch wirklich einen Drohbrief in seinem Briefkasten entdeckt. Nur bekam er dann Angst, das bloße Auffinden eines Briefes würde nicht ausreichen, um den gewünschten Schutz durch die Polizei zu erhalten. Was ebenfalls stimmte, war der Umstand, dass genau dieser Brief nicht mehr vorhanden war.

Natürlich stellten wir uns dann die Frage, wie so etwas sein kann: Wie kann ein Mensch einen Drohbrief verlieren, auf dessen Basis er um Schutz bei der Polizei bitten kann? Man kann sich diese Frage natürlich immer wieder stellen, und immer wieder auch nach passenden Antworten suchen – in diesem Fall war es letztlich so, dass wir uns am Ende entschlossen, dieser Aussage zu glauben. Denn an dieser Stelle gab es für den Dealer keinen Grund mehr, den Brief weiterhin als wahr zu bezeichnen, es war klar, es würde keine Schutzmaßnahmen für ihn geben – weil er mit dem Eingeständnis des erfundenen Einbruchs das Fehlen einer realen Bedrohungssituation belegt hatte. Sein Beharren auf der realen Existenz des Briefes wirkte deswegen für uns glaubhaft.

Der erfundene Einbruch hatte letztlich auch keine negativen Auswirkungen auf das Strafmaß, das ihn für seine Dealer-Tätigkeit erwartete. Vielmehr hatte er Vorteile, weil er im Endeffekt sehr umfänglich bei der Polizei aussagte. Was es für ihn aber angesichts der Umstände nicht gab, war ein neues Leben unter neuem Namen an einem anderen Ort. Denn die Bedrohungssituation existierte nun mal nicht in einer derartigen Form.

Interessant an diesem Fall ist der Umstand, dass die Konfrontation mit der Ungläubigkeit der Vernehmer ausreiche, um den Mann davon zu überzeugen, mit seiner erfundenen Geschichte nicht mehr weiter fortzufahren. Der Grund dafür bestand vor allem in dem Umstand, dass er in dieser Situation nicht wusste, wie er auf diese Ungläubigkeit reagieren sollte, was genau er darauf entgegnen sollte.

Natürlich hätte er auch sagen können, es sei das Problem der Vernehmer und nicht sein Problem, wenn man ihm nicht glaube. Genau diese Ruhe oder Coolness aber besaß der Mann nicht. Er fühlte sich vielmehr bei seiner Unwahrheit ertappt, und er sah damit auch seine Felle davonschwimmen, doch noch vonseiten der Polizei Schutz gewährt zu bekommen. Dies fand jedoch allein in seinem Kopf statt. Denn es hatte bis dahin niemand zu ihm gesagt, man würde ihm kein Wort glauben, und alles Gesagte sei gelogen. Das hat es nicht gegeben, es gab nur die Ansage, es herrsche eine gewisse Ungläubigkeit über den Wahrheitsgehalt. Ergänzt von der wohlformulierten Bitte, den Vernehmern doch Fakten zu liefern, die sie zweifelsfrei glauben könnten und würden. Weil die Aussage aber tatsächlich gelogen war, entwickelte sich im Kopf des Befragten die Überzeugung, er sei bei dieser Lüge ertappt worden. Diese Überzeugung oder dieses Gefühl nahm ihm die Möglichkeit, seine Geschichte weiter zu konstruieren – weil er sich im Vorfeld genau darüber keine Gedanken gemacht hatte. Er hatte eine Geschichte erfunden und diese Geschichte endete an einem Punkt – eine Fortsetzung war nicht vorgesehen – auch weil mit der Geschichte in gewisser Weise die Überzeugung verbunden war, man werde ihm die Geschichte auch glauben. Seine Kreativität war damit im Grunde erschöpft.

Mancher mag sich die Frage stellen, warum der Mann nicht trotz allem einfach darauf bestanden hat, er würde die Wahrheit sagen, und warum er nicht auf alle Zweifel einfach entgegnete, alles sei aber genau so, wie er es erzählte. Die Antwort auf diese Frage besteht in dem schon erwähnten Fakt, dass er in seinem Kopf einfach keine Idee mehr hatte, deren Inhalt ausreichend gewesen wäre, damit das Gegenüber danach sagt, alle Zweifel wären ausgeräumt, und man würde ihm nun wirklich glauben. Weil eben an diesem Punkt Theorie und Praxis zu weit auseinanderklafften. Der Mann musste nun realisieren, dass alles, was er bis zu diesem Punkt gesagt beziehungsweise erzählt hatte, nicht ausgereicht hat, um die Gegenseite von dessen Wahrheitsgehalt zu überzeugen. Er hatte sich einfach nie mit der Frage beschäftigt, was denn geschehen würde, wenn man ihm seine Geschichte nicht glaubt. Seine Gedanken endeten schlicht an dem Punkt, an dem er seine ausgedachte Geschichte laut erzählt hat und das Gegenüber im Grunde nur zustimmend nickt. Und nicht nur zustimmend nickt, sondern auch bestätigt, dass der Mann aufgrund seiner Aussage natürlich den benötigten Schutz erhalten werde.

Von außen betrachtet ist es immer relativ leicht zu sagen, wie wir uns selbst oder jemand anderes sich in einer entsprechenden Situation besser verhalten hätte. Genau das ist jedoch deutlich schwieriger, wenn sich jemand in dieser Situation befindet, und wenn diese Situation noch nicht abgeschlossen ist, sondern immer noch läuft. Denn der Mann wusste an diesem Punkt, wie sehr seine Aussage auf dem

Prüfstand stand, und dass er nicht mehr viel beizutragen hatte, um diese Prüfung auch zu bestehen – was ihn nicht zuletzt auch emotional sehr stark in Bedrängnis brachte, weil auch die Angst sehr stark war, man könnte ihm seine Worte nicht abnehmen, von denen für ihn auch sehr viel abhing.

Hinzu kam in dieser Situation noch ein Umstand, der nicht zu unterschätzen ist: Lügen ist recht anstrengend. Der Mann befand sich nach der längeren Phase der immer wieder wiederholten Lüge sozusagen in einer Art lügnerischem Erschöpfungszustand. Hierbei muss man aber wieder unterscheiden. So ist überlegtes Lügen sicher anstrengend, weil es eine Denkleistung darstellt, noch anstrengender ist jedoch spontanes Lügen: die Ad-hoc-Lüge.

Überlegtes und strategisches Lügen setzt eine Person voraus, die sich zuvor mit der Situation und den zur Verfügung stehenden Optionen auseinandergesetzt hat. Der Mensch überlegt sich also eine Geschichte oder eine bestimmte Konstellation der Vorgänge, die er dann anschließend in Worte fasst. Das ist an sich schon anstrengend, noch mehr strengt es jedoch an, wenn diese überlegte Lüge erzählt wird, dann aber plötzlich eine Situation eintritt, in der diese Geschichte noch weitergesponnen werden muss. Denn für diese Situation existieren noch keine vorbereiteten Inhalte. Was wiederum bedeutet, dass nun nicht mehr nur überlegt, sondern eben ad hoc gelogen werden muss.

Hat ein Mensch beispielsweise in seiner Lüge nie darüber nachgedacht, welche Farbe ein Raum oder auch ein Kleidungsstück im Rahmen der Lügengeschichte hat, dann muss er das an diesem Punkt nun spontan tun. Wobei das auch noch eine der leichteren Aufgaben darstellt, da der Mensch in diesem Fall einfach nur irgendeine Farbe nennen muss, die er als passend empfindet.

Nun kann aber auch noch die Frage kommen, ob sich auf dem Kleidungsstück eventuell ein Emblem befand und wenn ja, wie dieses denn aussah? Ist das der Fall, kann der Befragte entweder behaupten, er wisse es nicht mehr so genau, oder aber er konstruiert die Geschichte ad hoc weiter und denkt sich ein passendes Emblem aus.

Drehen wir das alles noch einmal zurück auf den realen Fall des Mannes, der eine persönliche Bedrohung erfunden hatte, um Schutz von der Polizei gewährt zu bekommen. Er hatte erzählt, dass diese Bedrohung vor allem aus zwei Männern bestand, die in seine Wohnung eingebrochen waren. Diese beiden Männer sahen seiner Beschreibung nach sehr unterschiedlich aus und waren auch unterschiedlichen Alters. Wird nun gefragt, welche der beiden Personen seiner Meinung nach denn zuerst den Raum betreten habe, dann muss die Antwort auf diese Frage ad hoc konstruiert werden, wenn das in der ursprünglich erdachten Lüge noch gar kein Thema war.

Hinzu kommt: Je mehr eine Person spontan konstruieren muss, desto mehr muss sie sich anschließend merken. Genau das ist dann auch das eigentlich Anstrengende. Weil nämlich mit dem immer größeren Umfang dessen, was ein Mensch sich zu merken hat, auch der Zwang oder die Hoffnung vergrößert wird, bei der nächsten Wiederholung der mittlerweile im Umfang deutlich gewachsenen Lüge nichts falsch zu machen. Wird dann nämlich etwas ausgelassen oder anders als zuvor wiedergegeben, dann erhöht das die

Gefahr, beim Lügen ertappt zu werden und letztlich mit dem gesamten Konstrukt aufzufliegen.

Ebenfalls anstrengend ist der Umstand, dass ein Mensch sich immer wieder neue Inhalte ausdenken muss, für die es keine reale Grundlage gibt.

Das alles macht die Sache zumindest für einen durchschnittlichen Lügner so außerordentlich anstrengend.

Der Lügner in dem zuvor dargestellten Fall kam zunächst in Untersuchungshaft, anschließend wurde das Verfahren gegen ihn eröffnet. Seine umfängliche Aussage hat ihm am Ende bei seinem Strafmaß geholfen. Nur entsprach das sicher nicht ganz seiner ursprünglichen Überlegung, die vornehmlich darin bestanden hatte, dass er mithilfe polizeilicher beziehungsweise rechtsstaatlicher Schutzmaßnahmen ein neues Leben beginnen könnte.

Mögliche Gründe für Veränderungen des Verhaltens in einer Gesprächssituation:

- Jemand muss die Vorgänge erst im Kopf konstruieren und sich stark konzentrieren, damit die Erzählung in den Einzelheiten mit seinen früheren Aussagen übereinstimmt.
- Es gibt einen anderen Grund, der in der Person Stress verursacht.

Vorgehen, um eine Lüge herauszufinden:

- Bitte um erneute Erzählung der Geschichte, allerdings in anderer chronologischer Reihenfolge, z.B. Beginn der Erzählung vom Ende her.

Hat derjenige Schwierigkeiten damit, seine Geschichte anders chronologisch zu erzählen, heißt das aber nicht automatisch, dass er lügt, vielleicht hat er intellektuell Probleme bei der Umsetzung.

- Wenn man nicht herausfinden kann, ob die erzählte Geschichte wahr oder falsch ist, man aber das Gefühl hat, dass sie nicht wahr ist, kann man seine Ungläubigkeit dem anderen gegenüber äußern. Eventuell knickt der andere dann ein, weil er sich vorher nie mit der Frage beschäftigt hat, was geschehen würde, wenn man ihm seine Geschichte nicht glaubt.

Zu lügen ist anstrengend:

- überlegtes Lügen, weil es eine Denkleistung darstellt,
- noch anstrengender ist spontanes Lügen. Denn je mehr eine Person spontan konstruieren muss, desto mehr muss sie sich anschließend merken.
- Ebenfalls anstrengend ist, wenn sich ein Mensch immer wieder neue Inhalte ausdenken muss, für die es keine reale Grundlage gibt.

Was Liebe mit der Überführung von Straftätern gemein hat

Dieser letzte Fall in diesem Buch war ein Beispiel, wie die drei Ebenen aufeinander aufbauen beziehungsweise zusammenarbeiten, um die es in den vergangenen Kapiteln gegangen ist: nämlich die eigene Person, die Gestaltung der Situation und die Interpretation des Gesagten. Dies wurde deutlich in der Rolle des Vernehmers, der seine eigene Persönlichkeit zurücknahm und sich sehr bei seinem Gegenüber befand, um so mithilfe ausgesuchter Strategien Fakten zu erfragen. Die zweite Ebene bildete das Wissen um Hinweise auf Unstimmigkeiten der inhaltlichen Ebene und der nonverbalen Ebene. In der dritten Ebene ging es darum, das bisher Erfahrene zu interpretieren.

All das lässt sich natürlich auf Situationen des Alltags übertragen, die weit entfernt von einer Vernehmung einzuordnen sind, bei denen es sich weder um eine Geiselnahme noch um ein Tötungsdelikt handelt. Denn bei zahlreichen Alltagssituationen ist es sehr hilfreich, die besagten drei Ebenen im Hinterkopf zu haben. Etwa bei Streitgesprächen oder auch in allen anderen Situationen, in denen wir als Menschen soziale Interaktionen mit anderen Personen eingehen. Es muss sich also gar nicht um einen Konflikt handeln, es kann auch beispielsweise ganz einfach um eine Verabredung mit einem anderen Menschen gehen. Einem Menschen, den wir vielleicht als sehr nett empfinden und mit dem wir uns in Zukunft noch öfter verabreden möchten. Dabei ist es hilfreich, wenn wir uns selbst als Person sehen und reflektieren. Und es ist hilfreich, wenn wir in der Lage sind, uns zurückzunehmen und einfach nur zuhören – weil das nicht nur in einer negativen Situation wie einem Verhör eine Rolle spielt, sondern auch in positiven Momenten wie bei einer Verabredung.

Hinzu kommt dann das aktive Gestalten der Situation. Das Stichwort lautet hier »Eindrucksbildung« und steht für die Frage, was unser Gegenüber von uns halten und welchen Eindruck es von uns bekommen soll. Genau das können wir in dieser Situation aktiv gestalten.

Die dritte und letzte Ebene besteht wieder darin, dass wir immer auch hören, was unser Gegenüber sagt. – Was dann die Grundlage für unsere Interpretation ist.

Das alles ist natürlich etwas anderes als die reine Lügenerkennung oder die Überführung eines Straftäters, letztlich aber funktionieren all diese Szenarien vergleichbar. Denn immer wenn es um die Gestaltung sozialer Interaktionen geht, spielen diese drei Faktoren oder Ebenen eine Rolle, und wir als Beteiligte haben es in der Hand, wie diese Situationen letztlich verlaufen. Wir haben es auch in der Hand, ob unser Gegenüber sich wohlfühlt mit uns oder ob genau das eben nicht der Fall ist. Damit verbunden ist immer auch die Frage, ob sich das Gegenüber wertgeschätzt fühlt oder nicht. All das liegt letztlich zu einem großen Teil in unserer Hand und es ist sehr eng verbunden mit unserer Art der Kommunikation.

Vermutlich ist es am einfachsten, all das noch einmal anhand einer typischen Situation zu erläutern. Zum Beispiel der Situation zweier Personen, die sich ineinander verlieben. Oder zurückgebrochen auf eine wirklich kurze Szene: Eine Frau lernt einen Mann kennen.

In unserem Beispiel lernen sich beide nicht auf der Straße oder in einer Bar kennen, ihre erste Kontaktaufnahme erfolgt via Internet. Die Frau und der Mann chatten also zunächst miteinander. In so einem Chat berichtet ein Mensch meistens – gerade in einer derartigen Situation – vor allem über die Fakten, von denen er oder sie möchte, dass die Gegenseite sie erfährt. Es werden natürlich nahezu ausschließlich angenehme Fakten erwähnt, um beim anderen einen positiven Eindruck zu hinterlassen. Genau das kennt vermutlich jeder Mensch aus einer solchen Kennenlern-Phase.

Es wäre sicherlich für Wissenschaftler recht spannend, einmal Chatverläufe oder auch versandte E-Mails aus einer derartigen Phase zu untersuchen. Vor allem spannend wäre die Auswertung, wie viele positive Eigenschaften die Personen darin von sich erwähnt haben und welche dieser erwähnten positiven Eigenschaften sich am Ende auch im Alltag nachweisen lassen.

Wie auch immer: Die Online-Bekanntschaft der beiden zunehmend verliebten Menschen wird sich nicht immer und ewig auf eine Online-Kommunikation beschränken. Es wird vielmehr der Punkt kommen, an dem sie sich in der realen Welt begegnen wollen. Beide verabreden also ein Treffen.

Nun ist es bei einem direkten Aufeinandertreffen von Menschen so, dass wir uns binnen kürzester Zeit eine Meinung von unserem Gegenüber bilden. Dahinter verbirgt sich etwas, was in der Sozialpsychologie als »Halo-Effekt« bekannt ist. Dieser Begriff steht für den Fakt, dass wir von bekannten Eigenschaften auch auf unbekannte Eigenschaften einer anderen Person schließen. Es handelt sich um einen Beurteilungsfehler, dem wir alle unterliegen. Mündet unsere erste Bewertung unseres Gegenübers im Label »sympathisch«, werden wir auch in Zukunft das Verhalten dieser Person unter diesem ersten Label einordnen. Fällt das Urteil auf »unsympathisch«, werden wir jegliches weitere Verhalten dieses Menschen zunächst eher negativ sehen. Natürlich sind wir in der Lage, diesen ersten Eindruck zu korrigieren, sollte er sich als falsch erweisen; dies allerdings ist viel Arbeit und ein sehr schwerfälliger Prozess. Pragmatisch wie wir Menschen eben sind, nehmen wir das, was wir haben, erst einmal als gegeben hin.

Grundsätzlich lässt sich der Halo-Effekt auch so beschreiben: Wir haben binnen Millisekunden eine Eingebung, ob unser Eindruck von unserem Gegenüber positiv oder negativ ist. Dieser erste Eindruck bleibt anschließend in unserem Gehirn relativ stabil. Ein solcher Eindruck macht sich zunächst fest an Äußerlichkeiten, er kann sich aber etwa auch an dem Namen einer Person festmachen – weil wir vielleicht eine andere Person mit diesem Namen kennen, die uns sympathisch oder unsympathisch ist, und wir nun die entsprechende Assoziation mit der gerade kennengelernten Person gleichen Namens verbinden. Der besagte Halo-Effekt wird also von zahlreichen unterschiedlichen Faktoren beeinflusst.

Nun ist diese spontane Wahrnehmung aber erschwert, wenn sich Personen zuvor vom Telefon oder in besagtem Beispiel schon durch eine E-Mail-Korrespondenz kennen. Wenn wir am Telefon die Stimme schon gehört haben – und immer wenn wir eine Stimme hören –, machen wir uns ein bestimmtes Bild von einem anderen Menschen, obwohl wir ihn noch nie gesehen haben. Wir haben nicht nur eine Idee, wie die andere Person aussieht, wir haben auch eine Idee davon, wie sie auftreten wird. Kommt es dann zu einem ersten Treffen, dann müssen wir eventuell feststellen, wie wenig das reale Bild mit dem übereinstimmt, was wir uns am Telefon vorgestellt haben. Ist das der Fall, dann wird die Situation damit schon schwieriger, weil wir etwas enttäuscht sind, da Vorstellung und Tatsache nicht übereinstimmen.

Betrachten wir noch einmal die Konstellation der Frau und des Mannes, die sich via Internet kennengelernt haben. Diese beiden Personen treffen sich nun in der realen Welt und die Frau beginnt das Gespräch. Sie beginnt es, weil sie der Meinung ist, sie müsse erst einmal sehr viel von sich erzählen, damit das Gegenüber ein möglichst breites Spektrum ihrer Persönlichkeit erfährt und so dann auch einen guten Eindruck bekommt.

Was im Grunde bedeutet, dass sie erst einmal redet und redet und redet. Sie berichtet von ihrer Kindheit, erzählt davon, aus welcher Familie sie kommt, auch ihre beruflichen Erfolge vergisst sie selbstredend nicht und so weiter und so fort. Sie redet, weil sie hofft, durch diese vielen Worte das Bestmögliche von sich zeigen zu können.

Eventuell wird dieser Monolog dann auch mal von einem Dialog unterbrochen: Sie berichtet vielleicht von Musik, die sie gerne hört, und fragt den möglichen neuen Partner, ob er denn diese Musikrichtung oder den Musiker ebenfalls mag. Eine derartige Frage ist allerdings sehr ungünstig, da die Fragestellung sehr eng beziehungsweise geschlossen gewählt ist. Denn die Antwortmöglichkeiten sind beschränkt, das Gegenüber hat kaum eine andere Möglichkeit, als mit Ja oder Nein zu antworten. Diese kurze Antwortmöglichkeit hat dann zur Folge, dass die Frau sehr schnell wieder bei sich ist und ihre Erzählung über die eigene Person fortsetzt. Anders ausgedrückt: So sollte man es besser nicht machen.

Wenden wir lieber das Modell an, das auch in dem Fall des vermeintlich bedrohten Dealers zum Tragen kam: Die Frau könnte sich vor dem Treffen in einer Selbstreflexion kurz selbst analysieren. Dabei würde sie vielleicht zu der Erkenntnis gelangen, dass sie bei einem ersten Date immer sehr aufgeregt ist und daher immer auch sehr viel redet. Nicht nur das, sie würde sich dann vielleicht auch daran erinnern, dass sie vor allem immer sehr viel von sich selbst erzählt und dass sie sich aus diesem Rede- und Themenfluss sehr schwer lösen kann.

Im Rahmen ihrer Selbstreflexion käme die Frau womöglich zu der Erkenntnis, dass diese Verhaltensmuster für sie eigentlich gar nicht zielführend sind – weil sie nun auch überlegt, was sie selbst von einem anderen Menschen denken würde, der sich bei einem ersten Treffen derart verhält. Säße ihr gegenüber ein Mann, der nur von sich selbst erzählen würde, so die Selbsterkenntnis, hätte sie nach spätestens zehn Minuten genug von dieser Person und würde im Grunde nur noch das Ende des Treffens herbeisehnen. Also käme die Frau nun zu dem Schluss, dass sie sich genau so gar nicht verhalten möchte.

Der Redeschwall bei einem ersten Treffen ist nur ein Beispiel für den Umgang mit unseren eigenen Schwächen oder Defiziten. Denn wenn wir ehrlich auf uns selbst blicken und einen derartigen Schwachpunkt bemerken, dann gibt uns diese Erkenntnis auch die Möglichkeit, etwas gegen eben diese Schwäche zu unternehmen.

Im Beispielfall könnte sich die Frau sagen, sie selbst müsse eine Bremse einbauen, wenn sie bemerkt, dass sie wieder in ihren nervösen Redefluss verfällt. So eine Bremse kann unterschiedlich ausfallen. Die Frau könnte mit sich selbst etwa abmachen, dass sie bei ersten Anzeichen einer aufkommenden Nervosität zum Wasserglas greift und drei Schluck Wasser daraus trinkt. Das wäre dann die Bremse, um nicht weiterzureden.

Allerdings handelt es sich bei einer solchen Bremse nicht um etwas, was wir von jetzt auf gleich aktivieren können, wir müssen uns diese Bremse zunächst einmal antrainieren. Wir müssen also in unserem Kopf erst einmal die Verknüpfung herstellen, das Trinken von drei Schluck Wasser sei ein Mittel, um eben jenen Redefluss zu stoppen.

Wie gesagt handelt es sich um ein Beispiel, das aber bei einer Vielzahl von Handlungen Anwendung finden kann. Letztlich geht es um eine Suche nach Strategien und darum, uns etwas einfallen zu lassen, um mit möglichen Problemen umgehen zu können und sie am Ende dann auch aus dem Weg zu räumen.

Der Punkt Selbstreflexion ist also der erste, um den es geht. Der nächste Punkt zählt ebenfalls noch zu dem, was uns als eigene Person betrifft. Dieser Punkt besagt, wir sollten nicht nur auf unsere Kommunikation an sich achten, sondern immer auch dem Gegenüber genügend Raum lassen. Das sollte in einer Situation wie dem ersten Treffen ebenfalls eine Rolle spielen. Wir sollten in der Lage sein, uns ein wenig zurückzunehmen. Das aber können wir nur tun, wenn wir uns unseres Selbst und damit auch unseres eigenen Verhaltens bewusst sind. Denn sonst funktioniert es nicht. Wenn wir gar nicht merken, wie sehr wir mit unserem Redeschwall den kompletten Raum der Kommunikation einnehmen, dann haben wir nicht die Möglichkeit, uns zurückzunehmen, um dem anderen den nötigen Raum zu geben.

Was nun zum zweiten Punkt führt, nämlich der aktiven Gestaltung der Situation. Dahinter verbirgt sich der Fakt, dass wir auch den Verlauf des Gespräches steuern können – weil wir mit unserem Verhalten und unseren Äußerungen Einfluss darauf haben, ob sich ein Gesprächspartner in unserer Gegenwart wohlfühlt oder ob er sich eher weniger wohlfühlt. Um ein positives Gefühl zu unterstützen, können wir dem Gegenüber beispielsweise aktiv zuhören und auch durch unsere Reaktion das Gesagte unterstützen oder verstärken. Damit zusammen hängt, dass wir dem anderen das Gefühl vermitteln, uns interessiere tatsächlich das, was die Person sagt. Wir vermitteln ihr so ein positives Gefühl. Wobei ich noch einmal auf einen Punkt zurückkommen möchte, den ich schon zu Beginn dieses Buches angesprochen habe: Es geht nicht darum, ein Interesse nur vorzuheucheln, denn das wirkliche Interesse an unseren Mitmenschen ist eine Grundvoraussetzung dafür, hinter die Fassaden der anderen blicken zu können.

Den gegenteiligen Effekt erreichen wir, wenn wir beispielsweise nur kurz ein Stichwort aufnehmen und dann sofort wieder in eine selbstzentrierte Art der Kommunikation verfallen. Das wird im Gegenüber das Gefühl verstärken, es käme gar nicht zu Wort oder könne seine Ausführungen im Grunde nicht zu Ende bringen.

Das aktive Gestalten einer Situation liegt also zu einem großen Teil in unserer Hand – nicht völlig, aber in besagter Kennenlern-Situation ebenso wie in vielen anderen Situationen können wir das Wissen nutzen, dass wir eben auch Gestalter sind. Wir sind Situations-Gestalter, und wenn wir Situations-Gestalter sind, dann sind wir ebenfalls Interaktions-Gestalter – was uns viele Möglichkeiten an die Hand gibt.

Die dritte Ebene der Interpretation des Gesagten wiederum gestaltet sich in einer Kennenlern-Situation etwas anders, als es etwa im Rahmen eines Verhörs der Fall ist. Schließlich geht es hier nicht darum, dass beispielsweise die Frau einschätzt, ob all das auch wirklich stimmt, was der Mann ihr gerade erzählt. So etwas wäre sicher keine gute Grundlage für ein erstes Date. Die Interpretation ist in einer solchen Situation eher auf dem Niveau zu sehen, dass wir uns fragen, was es bedeutet, wenn und was uns das Gegenüber erzählt, etwa welchen Beruf es ausübt oder welches bestimmte Hobby es hat. Vor allem bezieht sich diese Interpretation darauf, was diese Auskünfte in Bezug auf die Person als Mensch aussagen.

Das alles hört sich nun sehr kontrolliert an. Dass wir in ein Gespräch gehen und uns zunächst einmal unserer eigenen Rolle, dann unserer Möglichkeiten der Gestaltung und dann auch noch der Interpretation des Geschehenen bewusst werden. In einer Situation wie dem ersten Rendezvous wäre es denkbar unromantisch, würden wir allein auf einer derart technischen

Basis an die Sache herangehen. Tatsächlich aber absolvieren zahlreiche Menschen diese drei Schritte intuitiv – gute Kommunikatoren denken an die eigene Person, sie denken an die Möglichkeiten der Gestaltung der Situation, und sie sind sich auch der Möglichkeiten der Interpretation bewusst. Wobei der Begriff »bewusst« das Stichwort ist. Denn auch wenn wir all das im Grunde intuitiv tun, bringt es uns noch einen Schritt weiter, wenn wir uns diese Möglichkeiten wirklich auch bewusst machen, sodass wir unsere eigene Person und unsere Stärken bewusst einsetzen können. Genau deswegen lassen sich diese Faktoren nicht nur in einem professionellen Umfeld nutzen, sondern auch im privaten Umfeld wie in der beschriebenen Situation eines ersten Rendezvous.

Gesprächstipps für den Alltag:

- 1. Selbstreflexion über eigene Schwächen und Stärken, dann entsprechendes Verhalten im Gespräch. Suche nach Strategien, um mit möglichen Problemen umgehen zu können. Ausrichten eines zielführenden Verhaltensmusters. Man sollte in der Lage sein, sich zurückzunehmen, um dem anderen Raum zu geben.
- 2. Aktive Gestaltung der Situation: Mit dem eigenen Verhalten und den eigenen Äußerungen kann man das Gespräch steuern. Man kann Einfluss darauf nehmen, ob sich ein Gesprächspartner wohlfühlt. Man kann z.B. aktiv zuhören und durch die eigene Reaktion das Gesagte unterstützen oder verstärken. Zudem kann man dem anderen das Gefühl vermitteln, es interessiere einen, was er sagt. Das erzeugt in ihm ein positives Gefühl.

- 3. Interpretation des Gesagten: Man sollte sich fragen, was es bedeutet, wenn und was das Gegenüber erzählt, z.B. welchen Beruf es ausübt oder welches Hobby es hat. Was sagt das über diese Person als Mensch aus?

Schlussbemerkung

An diesem Punkt könnte ich mir vorstellen, dass sich der eine oder andere Leser fragt, was angesichts des Beschriebenen eigentlich noch ehrlich ist, wenn man in einer Kommunikation so viel steuern und kontrollieren kann. Tatsächlich aber geht es nicht darum, eine andere Person zu beeinflussen oder letztlich gar zu verändern. Es geht allein darum, den anderen genau so sehen zu wollen, wie er wirklich ist. Nur muss man anderen Menschen mit den beschriebenen Mitteln erst einmal behilflich sein, sich zu zeigen, um genau das zu ermöglichen. Das wiederum ist auch die große Unterscheidung zur Manipulation.

Bevor ich näher auf das Thema Manipulation eingehe, möchte ich zuvor etwas anderes erklären: Was sich der Einzelne aus den beschriebenen Fällen und Fakten für seinen eigenen Alltag herausziehen kann, das hängt sehr stark davon ab, in welcher Situation er sich gerade befindet. Dabei kann es etwa um die Frage gehen, ob er bei seinem Gegenüber etwas erreichen oder ob er vielleicht ein Problem mit einem anderen Menschen lösen will. Genauso gut kann es sich auch um eine Alltagssituation handeln, in der er einfach nur mit anderen zusammensitzt und sich unterhält.

Je nach Ausgangssituation ist zu entscheiden, welche Werkzeuge wir für diesen spezifischen Fall benötigen. Werkzeuge, mit denen wir eine Situation beeinflussen oder sie überhaupt gestalten können. Dabei geht es wiederum nicht darum, immer und unentwegt mit vollem Bewusstsein solche Situationen hundertprozentig kontrolliert zu erleben – denn es kommt auch hier immer auf die individuelle Situation und den Umgang damit an.

Grundsätzlich aber ist es immer absolut lohnenswert, wenn wir unser Gegenüber »beleuchten« – auch in jenen Momenten, in denen wir überhaupt kein Ziel erreichen beziehungsweise durchsetzen wollen. Es ist einfach spannend und interessant. Wir müssen auch nicht in jeder Situation die gewonnenen Erkenntnisse benutzen, es ist einfach interessant, sich mit ihnen intensiv auseinanderzusetzen. Das heißt, wir müssen in solchen Situationen nicht auch noch das Gesagte interpretieren. Es genügt vielleicht, uns einfach ein Bild von der Person zu machen: Uns zu fragen, was der Person wichtig ist, wie sie anderen und auch uns gegenüber erscheinen will. Damit verbunden sind Fragen wie die, ob ihr oder ihm das Gesagte wirklich authentisch wichtig ist, oder ob der Person vielmehr etwas anderes wichtig ist, über das sie aber nicht sprechen will. Um das zu klären, sollten wir uns selbst in einem Gespräch zurücknehmen und unser Gegenüber beobachten, es sehen und genau hinhören, was es wie sagt.

Vor dem Hintergrund der beschriebenen Fälle und vor allem der Kriminalfälle möchte ich noch etwas sagen. In unserem Alltag geht es bekanntlich beileibe nicht immer darum, eine Lüge aufzudecken. Vielmehr wollen wir oftmals Konflikte oder schwierige Situationen auflösen, wollen auch unsere Ideen umsetzen, oder einfach ein guter Gesprächspartner sein. Auch in diesen Fällen ist es lohnenswert, unserem Gesprächspartner zuzuhören und ihn gleichzeitig zu beobachten. Einmal mehr geht es daher um gleichzeitiges Hören und Sehen. Weil wir wissen wollen, bei welchen Themen unser Gegenüber emotional involviert ist, was ihm wichtig ist, und auch, wo er oder sie eventuell wahre Gefühle zu unterdrücken versucht. Dann ist es wichtig herauszufinden, warum eine Person ihre Gefühle und Stimmungen vor uns zu verschleiern versucht. Warum sie nicht will, dass wir diese Gefühle und Stimmungen sehen können. Die Antworten auf diese Fragen liefern uns unglaublich wichtige Informationen über einen Menschen.

Doch zurück zur Frage, ob eine derart bewusste Gestaltung von Kommunikation an sich im Grunde nicht doch schon so etwas wie eine Manipulation ist. Meine Antwort darauf lautet, dass es Manipulation wäre, wenn man verändern wollte, was das Gegenüber als gut oder auch als schlecht empfindet. Es wäre auch Manipulation, wenn man das Denken bewusst in die eine oder die andere Richtung verschieben würde, indem man einer Person Unwahrheiten oder Ähnliches vorspiegelte.

Mir aber geht es um die Beeinflussung sozialer Interaktionen – mit dem Zweck, beim Gegenüber möglichst viele Informationen zu generieren, die man im Anschluss bewerten kann. Und immer aus dem einen Grund: Ich möchte die wahre Persönlichkeit meines Gegenübers erkennen können, und nicht nur die eine Seite, die ich durch meine Einflussnahme »gelenkt« habe. Gerade die Interpretation der »wahren« Persönlichkeit ist ja das eigentlich Spannende, sie gibt uns die Möglichkeit, unsere Mitmenschen wirklich kennenzulernen und hinter ihre Fassaden schauen zu können.